関西学院大学研究叢書　第134編

企業内容開示の動向

上田耕治〈著〉
Koji Ueda

関西学院大学出版会

企業内容開示の動向

まえがき

　金融制度の改革によって、企業の会計および監査に関する規制である企業内容開示制度は大きく進展している。その動向を簡潔に述べれば、リスク資本の担い手を広く一般投資者に求めるため、自己責任による投資意思決定を可能にする投資環境の整備の一環として、企業情報を一般投資者にとって身近なツールと位置づけるというものである。

　こうした動向は、企業の資産負債に焦点を当てた報告主体の考え方や業績評価の考え方、あるいは企業が公表する財務情報の信頼性をより的確に担保するための監査の仕組みなど、会計および監査に関するルールのさまざまな部分に及んでいる。また、企業の財務情報以外の開示内容の拡充や企業の開示姿勢が近年注目されているのも、こうした企業内容の開示をめぐる動向を反映してのことだと考えられる。

　本書は、こうした動向を踏まえて、近年の企業内容の開示に映し出されている会計および監査の具体的な問題を取り上げ、それらの展開の内容、意義および課題を示すことにより、金融制度改革における企業内容開示を理解するための一つの視点を提示しながら会計および監査に関わる開示情報を評価しようとするものである。

　本書は、第1章において、企業内容の開示情報が、近年、投資者の期待をより的確に反映するようになってきたことを明らかにし、そこでの会計、監査および開示の問題の意義と課題を示すことにより、企業内容開示の動向に対する新たな視点を提示している。第2章以下では、会計、監査および開示に関する3つの領域から、企業内容開示制度の特徴的な論点について考察している。

　会計に関する問題を取り扱ったのが第2章から第7章であり、会計情報の報告主体およびそれに関連する会計処理と理論的な展開を連結に焦点を合わせて扱っている。具体的には、連結範囲(第2章)、組織再編(第

3章)、業績評価(第4章)および連結基礎概念(第5・6章)を検討している。また、連結範囲に関する今日的な問題として、特別目的事業体(SPE)の会計処理の国際的な動向についても考察している(第7章)。これらの問題を検討することを通じて、連結会計情報が重視される意味とそれに適合する資産負債の評価や基礎となる思考について、著者の見解を示している。

監査に関する問題については、第8章から第10章で取り扱っている。まず、財務諸表監査における内部統制の監査手続について、事例により分析した上で内部統制監査の制度を扱っている(第8章)。また、近年、特に重要となっている不正および違法行為に関する監査手続(第9章)、ならびに継続企業の前提に関する監査手続(第10章)を検討して、これらが実務においても強調されることになったことの意義について検討を行っている。

開示の問題を取り扱ったのが第11章から第13章である。まず。会計情報の訂正に関する議論を概観した上で、1年間にわたり訂正有価証券報告書の会計情報の訂正事例を分析して、企業内容の開示情報の訂正の実態や訂正に関する企業の開示姿勢を検討し、会計情報の訂正が行われることの今日的な意義を検討している(第11章)。また、情報利用者の視点から、会計情報の訂正に関する監査の実態および訂正理由の記載等開示方法について私見を示している(第12・13章)。

これらの会計・監査・開示の問題の検討を通じて、新しい会計基準の適用や新しい会計の考え方が着実に会計実務のレベルにまで浸透していることを明らかにしている。そして、こうした動向に適合した監査人の関わり、あるいは、積極的な企業内容開示に関する実情を踏まえると、近年の企業内容開示の動向は、自己責任を可能にする開示制度の設計とそれにより投資者の期待に応えるという2つの目標を実現させようとする方向性をもって展開されていると考えられる。

本書は、17年余りにわたる公認会計士としての実務経験と5年間の会計専門職大学院教員としての研究経験をまとめたものである。しかし、

会計・監査・開示の動向を検証するという本書の課題は、著者にとってはあまりにも大きな研究テーマであり、なお多くの課題を残している。その意味では、本書は決して完成された研究ではないし、論理の飛躍や分析結果の解釈に思わぬ誤りをおかしているかもしれない。先学諸先生ならびに読者諸賢のご批判、ご教示を受けて、さらに研究を進める所存である。

本書を上梓するまでに、実に多くの方々からご指導・支援をいただいた。とりわけ関西学院大学商学部教授の平松一夫先生には、大学院入学から今日に至るまでご指導をいただいている。先生の学恩に報いるにはあまりにも拙い研究成果である。今後、なお一層、研究に精進することを誓い、ひとまずお許しいただきたい。

関西学院大学法学部政治学科での恩師岡俊孝先生からは、先生のゼミでのご指導をいただいて以来、温かく見守っていただいている。また、関西学院大学名誉教授 故深津比佐夫先生からは修士課程において厳しくご指導をいただいた。心よりお礼申し上げるとともに、先生のご冥福をお祈りしたい。

さらに、職業会計人を志して関西学院大学大学院商学研究科に入学してから今日までご指導いただいた関西学院大学の諸先生、とりわけ梶浦昭友教授、小菅正伸教授、井上達男教授、木本圭一准教授、石原俊彦教授からは、常にご厚情とご指導をいただいており、お礼申し上げる。また、国際会計研究会の諸先生からは、研究上の有益なご教示と刺激を受けた。現在勤務している関西学院大学専門職大学院経営戦略研究科、ネクサス監査法人、以前に勤務していた中央青山監査法人でお世話になった先生方にも貴重なご指導をいただいた。ここに記してお礼申し上げる。

2010年2月

上 田 耕 治

目　次

まえがき……………………………………………………………… iii

第1章
企業内容開示の進展………………………………………………… 1
　　第1節　企業内容開示の新たな動向　1
　　第2節　本書の構成　4
　　第3節　企業内容開示の現代的役割　7

第2章
連結情報の重要性と連結の範囲…………………………………… 11
　　第1節　連結情報と個別情報　11
　　第2節　連結情報の特徴と分析上の留意点　12
　　第3節　連結情報分析上の留意点と限界　13
　　　1　連結会計情報分析の留意点
　　　　(1) 企業集団としての性格
　　　　(2) 親会社個別財務諸表の位置づけ
　　　　(3) 企業集団内部の関係
　　　　(4) 連結の範囲
　　　2　連結情報分析の限界
　　　　(1) 会計基準による限界
　　　　(2) 統一の不徹底など作成上の限界
　　　　(3) 企業集団の多様性
　　第4節　会社を取り巻く利害関係者　17
　　第5節　連結財務諸表の意義　18

第6節　連結財務諸表重視の傾向　19
　　　第7節　連結の範囲と連結情報の経済的意味　20
　　　第8節　連結財務諸表の落とし穴　22

第3章
組織再編と連結会計……………………………………………25
　　　第1節　組織再編と連結会計　25
　　　第2節　組織再編の経済的実態　26
　　　第3節　のれん（超過収益力）の評価　27
　　　第4節　組織再編の諸類型と評価　28
　　　第5節　「持分の結合」と「共通支配下の取引」　29
　　　第6節　「取得」と「支配」　30

第4章
少数株主と連結業績……………………………………………33
　　　第1節　連結財務諸表における「少数株主」　33
　　　第2節　少数株主持分と少数株主損益　35
　　　第3節　全面時価評価法と部分時価評価法　35
　　　第4節　少数株主と包括利益　37
　　　第5節　連結基礎概念　38
　　　第6節　投資手段としての会社　39

第5章
連結基礎概念とその国際的動向………………………………41
　　　第1節　連結基礎概念を検討することの意義　41
　　　第2節　FASBの連結基礎概念　42

            1 討議資料「連結方針と連結手続」
            2 公開草案「連結財務諸表：方針と手続」
            3 改訂公開草案「連結財務諸表：目的と方針」
            4 連結プロジェクトからの示唆
    第3節　連結基礎概念に関係する会計基準等の国際的な改訂動向　45
            1 連結手続に関する IAS 第27号改訂公開草案
            2 連結手続および非支配持分の報告に関する ARB 第51号改訂公開草案
            3 企業結合に関する IFRS 第3号改訂公開草案
            4 企業結合に関する SFAS 第141号改訂公開草案
            5 IAS 第27号、SFAS 第160号、IFRS 第3号および SFAS 第141R 号改訂確定基準書
            6 業績報告（包括利益）に関する IAS 第1号改訂公開草案および改訂確定基準書
            7 討議資料「改善された財務報告のための概念フレームワークについての予備的見解」
            8 連結の条件としての「支配」に係る IASB の議論

第6章
改訂会計基準等と連結基礎概念 ……………………………… 53

    第1節　連結基礎概念と会計基準　53
    第2節　支配獲得時の公正価値によるすべての資産および負債の評価　54
    第3節　支配獲得後の持分変動の資本（持分）取引としての会計処理　55
    第4節　非支配持分を超える損失負担　56
    第5節　非支配持分の持分表示と非支配株主損益の包括利益への算入　57

第6節　概念フレームワーク　58
　第7節　資産負債アプローチと連結基礎概念　59
　第8節　親会社株式の価値と連結財務諸表　60

第7章
特別目的事業体（SPE）の会計と報告単位 ……………… 63
　第1節　SPEを巡る会計処理　63
　第2節　国際会計基準審議会の取り組み　65
　　1　連結範囲に関する基準の設定経緯
　　2　IAS27「連結および個別財務諸表」（2003年改訂）
　　3　SIC12「連結－特別目的事業体」
　　4　IAS27「連結および個別財務諸表」（2008年改訂）
　　5　連結範囲に関するIASBの暫定合意
　第3節　アメリカの取り組み　69
　　1　連結範囲に関する基準の設定経緯
　　2　適格SPEの概念
　　3　ARB51「連結財務諸表」の連結範囲
　　4　FIN46R「変動持分事業体の連結―ARB第51号の解釈書」
　　5　FASB連結プロジェクト
　第4節　日本の取り組み　76
　　1　連結範囲に係る基準の設定経緯
　　2　企業会計審議会「連結財務諸表制度における子会社及び関連会社の範囲の見直しに係る具体的な取扱い」
　　3　日本公認会計士協会監査委員会報告第60号「連結財務諸表における子会社及び関連会社の範囲の決定に関する監査上の取扱い」
　　4　企業会計基準委員会実務対応報告第20号「投資事業組合に対する支配力基準及び影響力基準の適用に関する実務上の取扱

　　　　い」
　　　5　企業会計基準適用指針第 22 号「連結財務諸表における子会社
　　　　及び関連会社の範囲の決定に関する適用指針」
　　　6　企業会計基準第 22 号「連結財務諸表に関する会計基準」
　　　7　企業会計基準委員会「連結財務諸表における特別目的会社の
　　　　取扱い等に関する論点の整理」
　　　8　CESR の同等性評価および ASBJ/IASB 共同プロジェクト
　　第 5 節　SPE の連結範囲と報告単位　82

第8章
内部統制の監査手続……………………………………………… 85
　　第 1 節　重要な虚偽表示のリスクの評価と内部統制の評価　85
　　第 2 節　取引サイクルと監査　86
　　第 3 節　取引サイクル　88
　　　1　販売取引サイクル
　　　2　販売サイクルの業務の流れ
　　　　(1)　全般
　　　　(2)　受注
　　　　(3)　出荷
　　　　(4)　売上計上
　　　　(5)　請求
　　第 4 節　取引サイクルの監査の手続　93
　　　1　統制目標
　　　2　販売取引サイクルの統制活動、統制目標と統制リスクの暫定
　　　　的評価
　　　3　内部統制の整備状況の手続（内部統制の理解）
　　　4　内部統制の運用状況の手続（運用評価手続）
　　第 5 節　取引サイクルに関連する財務諸表項目の監査　102

第6節　内部統制報告監査制度　105
　1　制度の制定
　2　内部統制報告書
　3　内部統制監査

第9章
不正および違法行為の監査……………………………………………111

第1節　財務諸表の監査における不正への対応　111
　1　財務諸表の監査における不正
　　(1)　不正および誤謬の意義
　　(2)　不正の分類
　2　不正に対する責任
　　(1)　経営者、取締役会および監査役等の責任
　　(2)　不正による重要な虚偽の表示を発見する監査人の責任
　　(3)　不正に関する監査の固有の限界
　3　職業的懐疑心と監査チーム内の討議
　　(1)　職業的懐疑心
　　(2)　監査チーム内の討議
　4　リスク評価手続
　　(1)　質問、ならびに取締役会および監査役等が実施した監視についての理解
　　(2)　不正リスク要因の検討
　　(3)　通例でないまたは予期せぬ関係の検討
　　(4)　その他の情報の検討
　　(5)　不正による重要な虚偽表示のリスクの識別と評価
　　(6)　収益認識における不正のリスク
　5　不正による重要な虚偽表示のリスクへの対応
　　(1)　全般的な対応

　　　　　　　　　　　　　　　　　　　　　　　　目　次　xiii

　　　　（2）リスク対応手続
　　　　（3）経営者による内部統制の無視のリスクに対応する監査手続
　　6　監査証拠の評価
　　7　経営者による確認書
　　8　経営者および監査役等とのコミュニケーション
　　9　第三者への報告
　第2節　不正リスク要因　127
　　1　不正な財務報告による虚偽の表示に関する要因
　　　　（1）動機・プレッシャー
　　　　（2）機会
　　　　（3）姿勢・正当化
　　2　資産の流用による虚偽の表示に関する要因
　　　　（1）動機・プレッシャー
　　　　（2）機会
　　　　（3）姿勢・正当化
　第3節　違法行為　133
　　1　違法行為の意義
　　2　違法行為と財務諸表監査
　　3　違法行為の分類
　　4　違法行為と内部統制
　　5　違法行為に対する責任
　　　　（1）経営者の責任
　　　　（2）監査人の責任
　　6　違法行為と監査計画・監査手続
　　7　発見した違法行為の取扱い

第10章
継続企業の前提の監査……………………………………………139

第1節　継続企業の前提に対する対処　139
第2節　継続企業の前提に重要な疑義を生じさせるような事象や状況　140
第3節　監査計画の策定段階の監査手続　141
第4節　監査の実施段階の監査手続　142
　1　経営者の評価についての検討
　2　対応策の検討事項
　3　対応策の検討に関連する監査手続
　4　継続企業の前提に関する重要な不確実性
　5　財務諸表に与える影響の検討
第5節　監査報告と追記情報　144
第6節　経営者確認書　145
第7節　継続企業の前提に関する開示　146
第8節　二重責任の原則と継続企業の前提の監査　146

第11章
訂正有価証券報告書における会計情報の訂正動向……………149

第1節　訂正有価証券報告書の提出動向　149
第2節　訂正事案と開示規制の対応状況　151
　1　西武鉄道事件等による名義株による「株式等の状況」の訂正
　2　コーポレート・ガバナンスに関する事項の有価証券報告書上の開示とその拡充
　3　2005（平成17）年3月期のコーポレート・ガバナンスに関する事項の記載状況
　4　2007（平成19）年3月期有価証券報告書のコーポレート・ガバナンスを中心とする「有価証券報告書の調査票」の提出要請
第3節　会計情報の訂正の状況　153

第4節　会計情報の訂正に関する論点　155
　　1　過年度の会計情報の訂正の問題点
　　2　会計情報の訂正の種類
　　3　会計情報の訂正の方法
　　4　開示上の取扱いと会計情報の訂正に関する論点
　　5　誤謬の定義に関する論点
　　6　現行の「過去の誤謬」に関する原則的な取扱い
　　7　遡及修正（修正再表示）に関する考え方の整理
　　8　訂正報告書に関連する法令の定め
　　9　監査証明を受けなければならない書類に関する法令の定め
　第5節　アメリカSECにおける年次報告書の提出および訂正制度
　　　　162

第12章
訂正有価証券報告書の会計情報の訂正事例 ……………………… 165

　第1節　訂正事例分析の設計　165
　　1　訂正事例分析の目的
　　2　訂正事例の収集方法
　　3　過年度有価証券報告書（過年度会計数値）の訂正状況
　第2節　「経理の状況」訂正内容の傾向　169
　第3節　訂正事例の個別分析　171
　　1　A社（継続企業の前提の記載内容の訂正）
　　2　B社（売上・売上原価の相殺）
　　3　C社（繰延税金負債の計上もれ）
　　4　D社（担保提供資産の記載もれ）
　　5　E社（関連当事者との取引の記載もれ）
　　6　F社（財務制限条項の記載もれ）
　　7　G社（セグメント情報の記載もれ）
　　8　FedEx社（誤植の訂正）

    9 Starbucks 社（会計基準の適用誤り）
  第4節 会計情報の訂正事例からみた開示規制としての監査を巡る
      諸問題　198
    1 訂正の背景と監査
    2 会計基準、開示規制と訂正有価証券報告書
    3 訂正有価証券報告書と監査報告
    4 監査責任の時間的限界と監査の機能
    5 会計情報の訂正に対する監査の役割

第13章
訂正有価証券報告書の訂正理由の記載事例……………………… 207
  第1節 訂正報告書提出者の開示姿勢と訂正理由の記載　207
  第2節 訂正理由の一般的な記載例　208
  第3節 訂正理由の記載事例の分析　209
    1 東海澱粉
    2 エース証券
    3 日本バイリーン
    4 ネットマークス
    5 日特建設
    6 酒井重工業
    7 ホウスイ
    8 フジタ
    9 クリムゾン
    10 オリンピック
  第4節 「経理の状況」の訂正と監査　216

参考文献…………………………………………………………………… 219

第1章

企業内容開示の進展

第1節　企業内容開示の新たな動向

　金融制度の改革によって、企業の会計および監査に関する規制である企業内容開示制度にも進展が図られている。それは、リスク資本の担い手を広く一般投資者に求めるため、自己責任による投資意思決定を可能にする投資環境の整備の一環として、企業情報を一般投資者にとって身近なツールと位置づける動向である。

　これは、会計および監査に関するルールのさまざまな部分に及んでおり、具体的には、企業の資産負債に焦点を当てた報告主体の考え方や業績評価の考え方、あるいは企業が公表する財務情報の信頼性をより的確に担保するための監査の仕組みなどにも現れている。また、それらにあわせて公表される企業の財務情報以外の開示内容の拡充や企業の開示姿勢が近年注目されているのも、こうした企業内容の開示をめぐる動向を反映してのことだと考えられる。わが国の企業内容の開示実務は、これらによって、比較可能性の高い内容を備えたものとなっていると考えて良い。

会計および監査を含む投資者に対する企業情報の開示に関する実務は、金融商品取引法の定めによる有価証券報告書の提出制度を中心として行われている。金融商品取引法は、有価証券報告書を「当該会社の商号、当該会社の属する企業集団および当該会社の経理の状況その他事業の内容に関する重要な事項その他の公益または投資者の保護のため必要かつ適当なものとして内閣府令で定める事項を記載した報告書」と定義し、その記載内容は、「企業内容等の開示に関する内閣府令」「第三号様式」に「記載上の注意」とともに規定している。

有価証券報告書の記載内容は多岐にわたるが、本書は、有価証券報告書の「経理の状況」の箇所に示される連結財務諸表および財務諸表に係わる会計の論点、それらに添付される監査報告書に係わる監査の論点、およびそれら以外の情報も含む有価証券報告書の提出を通じた企業内容等の公表に係わる開示の論点を取り扱っている。また、本書では、会計、監査およびその他の情報開示を総合して「開示」と捉えて検討し、有価証券報告書制度における企業の情報開示全般に対する示唆を探ることを企図している。

金融商品取引法における企業内容開示は、有価証券発行者、すなわち資金の取り手による任意の情報開示によって成立しており、金融商品取引法は、会計、監査および開示を一体として規制している。これは、自己責任を可能にする投資環境が、透明で比較可能性の高い会計情報および企業情報を媒介として、資本の出し手と取り手の自立的な活動に支えられて成立することが期待されているからである。

本書は、近年の企業内容の開示に映し出されている会計および監査の問題を具体的に取り上げ、それらの展開の内容、意義および課題を示すことにより、全体として金融制度改革における企業内容開示を理解するための一つの視点を提示しながら会計および監査に関わる開示情報を評価しようとするものである。このため、本書は、会計および監査に係わる主要な問題について、開示規制としての横断的な視点に配慮して分析するほか、論点によっては、現在開示規制上導入が議論されている国際

会計基準の影響もあわせ考慮したものとなっている。

　本書は、会計、監査および開示に関する3つの領域から、制度的な近時の動向を踏まえ特徴的な論点について考察している。

　会計に関しては、会計情報の報告主体およびそれに関連する会計処理と理論を扱っている。このため、連結に焦点が当てられており、連結範囲、組織再編、業績評価および連結基礎概念を検討している。また、連結範囲に関する今日的な問題として、特別目的事業体（SPE）の会計処理の国際的な動向についても考察している。連結会計情報が重視される意味とそれに適合する資産負債の評価や基礎となる思考について、著者の見解を示すものでもある。

　監査に関しては、財務諸表監査における内部統制の監査手続について、事例により詳細に分析した上で内部統制監査の制度をうかがっている。また、近年、特に重要となっている不正および違法行為に関する監査手続、ならびに継続企業の前提に関する監査手続を検討して、それらが強調されることの意義について検討を進めている。

　開示に関しては、会計情報の訂正に関する議論を概観した上で、1年間にわたり訂正有価証券報告書の会計情報の訂正事例を分析して、企業内容の開示情報の訂正の実態や訂正に関する開示姿勢を計り、会計情報の訂正が行われることの今日的な意義を検討している。また、情報利用者の視点から、会計情報の訂正に関する監査の実態および訂正理由の記載等開示方法について私見を示している。

　これらは、われわれの身の回りで現実となっている新しい会計基準の適用や新しい会計の考え方を含んでおり、新たな領域への監査人の関わり、あるいは、積極的な企業内容開示に関する実情がうかがえることから、自己責任を可能にする制度の目標と投資者の期待に応えるように展開しているともいえる。これらを追究することにより意義や課題を示すことが、企業内容開示の動向の意義を示すことだとも考えている。

第2節　本書の構成

本書の章立てと構成は以下のとおりである。
第1章　企業内容開示の進展
　金融制度改革はリスク資本の担い手を広く一般投資者に求めるものでもあるが、そのための企業内容の開示情報は、投資者の期待をより的確に反映するものになりつつある。この機に適用される会計、監査および開示の問題の意義と課題を示すことにより、企業内容開示の動向に対する新たな意義づけを行いたい。本章では、その枠組みについて説明している。
第2章　連結情報の重要性と連結の範囲
　企業情報の報告主体としての連結グループに検討を及ぼせることにより、企業の見方と評価方法としての連結について考察する。意思決定に役立つ会計情報として連結財務諸表の意義、連結が重視される傾向および連結情報分析の限界を示して、連結の範囲と連結情報の経済的意味について検討している。
第3章　組織再編と連結会計
　事業もしくは企業の見方と評価方法としての企業結合を検討することにより、支配という、事業用資産、事業および企業に共通の視点を提示する。同様の経済的実態を同様に会計処理することの意義とそのための視点としての支配に着目し、会計全般に用いられる基礎的な概念として指摘している。
第4章　少数株主と連結業績
　少数株主の企業組織上の位置づけに応じて変化する連結子会社の支配獲得時の評価方法および業績評価尺度としての包括利益と少数株主持分の関わりについて検討している。特に、株式や会社を資金の投資手段や投資対象として捉える考え方を示し、それへの適合という観点から業績評価尺度を検討している。

第5章　連結基礎概念とその国際的動向

　連結ベースでの企業情報の視点は、連結財務諸表を誰の立場で作成表示するかという連結基礎概念の考え方とも関連している。本章では、連結基礎概念に関わる連結会計処理、企業結合、業績報告（包括利益）および概念フレームワークに関する会計基準の改訂動向をうかがうことにより、そこに含まれる連結基礎概念の考え方を抽出して示している。

第6章　改訂会計基準等と連結基礎概念

　本章では、先の改訂動向を踏まえて、それらの改訂に関わる連結基礎概念の論点について検討している。また、企業業績の考え方にも及びながら企業情報の会計的な見方と企業情報を開示する制度のあり方に注目して、連結基礎概念の考え方について著者の視点を提示している。

第7章　特別目的事業体（SPE）の会計と報告単位

　連結財務諸表の報告主体を検討する上で特別目的事業体（SPE）は、会計の制度と実務に難しい問題を呈示している。本章では、特別目的事業体（SPE）の会計基準について、アメリカ、国際会計基準および日本の進展をうかがいながら連結範囲の論点を検討している。

第8章　内部統制の監査手続

　情報利用者に焦点を当てた企業情報開示は、監査実務にも影響を与えている。なかでも、会計数値の導出プロセスである企業の内部統制に及ぶ監査は、情報利用者の期待に応えるための監査人の関わりと位置づけることができる。本章では、販売関連業務の設例に基づき、その統制活動に対する監査手続と関連する実証手続を実務的に説明している。また、内部統制の報告および監査の制度も概観している。

第9章　不正および違法行為の監査

　情報利用者の期待に応える監査として、監査対象に含まれるかもしれない不正および違法行為に対する監査人の関わりは重要な視点である。本章では、不正および違法行為に対する監査人の取り組みについて監査手続の観点から例証するとともに、不正の発見要因に及んで解説している。

第 10 章　継続企業の前提の監査

　企業破綻などの事例が少なくない現況において、情報利用者は、企業が将来にわたって事業活動を継続するという前提についての監査人の検討を期待している。情報利用者本位の企業情報開示の仕組みとして継続企業の情報についての開示と監査は欠かせないものとなっている。本章では、継続企業の前提についての監査人の手続を理解する。

第 11 章　訂正有価証券報告書における会計情報の訂正動向

　企業内容開示制度の進展に比し、企業側の開示姿勢の変化は必ずしも円滑ではなかった。あるいは、企業側の誠実な開示姿勢を促すように企業内容開示制度が進展している実情もある。近時の有価証券報告書の訂正報告書の提出状況は、情報利用者を志向した企業内容開示の実態を傾向としてうかがうことができる。訂正有価証券報告書の提出状況と、そのなかでも会計情報の訂正に関する論点を整理して、情報利用者のための企業情報開示に関する制度上の問題点について検討している。

第 12 章　訂正有価証券報告書の会計情報の訂正事例

　訂正有価証券報告書の訂正内容の分析、特にどのようなものが訂正の対象となっているかの検討とその監査の対応状況の検討は、金融制度改革の開示面での進展と捉えることもできる。訂正有価証券報告書の訂正事例を紹介することにより、企業の開示姿勢の変化や課題を解いている。

第 13 章　訂正有価証券報告書の訂正理由の記載事例

　訂正有価証券報告書の訂正内容は、訂正報告書の訂正理由の記載からも知ることができる。訂正内容本文だけでなく訂正理由も明瞭に示すことが情報利用者の便宜であり、提出者の開示姿勢の現れともとれる。本章では、訂正有価証券報告書に記載された訂正理由である「提出理由」を分析することにより、企業情報開示の提出者への課題を明らかにしている。

第3節　企業内容開示の現代的役割

　本書が扱う会計の議論には、企業情報の受け手すなわち資金の出し手としての期待がもたらす論点が含まれている。金融制度改革と柔軟な組織再編を可能にする法制のもと、資金の投資対象を「株式」ではなく、実際の事業用の「資産」と見立てることができるほど、投資方法に多様性が認められることとなった。このような中で、企業情報の受け手の期待は、より厳密な効率性に求められるようになっており、それは、「投資」からの利得というより、「投下資金」の増加の程度として測定される傾向をもたらしている。

　これらはまさに、投資対象を抽象的な「企業」や「株式」もしくは「事業」と捉えるのではなく、「cash」が姿を変えた「資産」と捉えることに接近しているといえる。これらの観点からすれば、連結を巡る会計処理の改訂は、投資対象を資産と見た場合に、その資産に相応しい評価方法を探る試みととれるし、企業の業績は、投下資金の現れである資産の増加減少分と捉えることに結びつくであろう。このように考えると、投資対象である「資産」を貸借対照表に表現するために相応しい連結財務諸表の観点や立場も一意に導き出すことができるかもしれない。しかし、著者は、これには慎重な考慮が必要であると考えている。会計が扱うべき報告主体に通底する連結財務諸表観が構築されるべきだからである。

　本書が扱う監査の議論も情報利用者の期待を背景としている。情報利用者は、監査に、財務諸表の数値が会計基準に準拠しているかどうかを求めるだけでなく、不正もしくは違法行為の有無や継続企業として成り立っているのかという企業の実態に注目することに期待している。そして、場合によっては、そのような情報の提供にも期待を抱いている。「社会の監査に対する期待と、監査人が実際に行う監査の内容にギャップがあること」これを、期待ギャップというが、監査制度は、投資者の追加的な情報要求に応える形で期待ギャップに対応している実情がある。

財務諸表監査において、内部統制の検討は、「内部統制を含む企業および企業環境の理解」という「重要な虚偽表示のリスク」を評価するための重要な活動である。これは、リスク・アプローチの監査の枠組みに欠くべからざるものであるとともに、内部統制監査の制度化により、監査人がまさに投資者から追加的な期待を受けている事項でもある。

　本書が会計および監査も含んで企業内容開示を広く捉え、訂正報告書の実務に着目したのは、訂正事例を読むことにより見込まれる会計上の訂正内容とそれに対する監査対応が、それぞれ、どのようなものか評価するためである。会計情報の訂正のうち、個別財務諸表の訂正については、会社法上の承認プロセスを経ていることから、当時の利害関係者の利害を補償することができず、利害調整は果たし得ないと思われる。にもかかわらず、後の時点で過年度の会計情報を訂正するのは、過去に起因する損益等を除外した財務報告を再公表することにより、純粋に当該年度の業績を公知せしめるためであろう。このような開示姿勢は、キャッシュに係わる収益力評価のための会計情報への投資者の期待を反映しているように思える。

　従来、会計は、商法等の制度的な枠組みにより、株主と会社（経営者）、債権者と株主、会社と債権者など各当事者間の利害調整の仕組みを有していた。しかし、会社の社会的な存在が重視される一方で、金融制度改革により一般の人々の投資対象としての存在が特に重要視されるようになってきており、一般の人々の資金の向かい先として、社会制度上株式投資が位置づけられるようになってきている。

　他方、会計基準は、非画一的な会計処理、企業の裁量的な判断を含んだ会計処理、および企業の主観的な判断に依拠する会計処理を含むようになってきており、そのような会計情報に対して、債権者も株主（投資者）もが、自己責任で判断する必要が生じてきている。このようななか、会計制度や開示制度が果たすべき利害調整の意義も徐々に変わりつつあり、自己責任を可能にする投資環境を整備することによって、社会的な利害調整を図ることが、現代の企業内容開示制度の役割ということがで

きる。

　また、このように一般投資者を保護すべき投資環境の整備が進められつつも、そのような動向を無視したような企業の経営姿勢も少なくなく、それが粉飾に向かったり、求められている会計や開示の規制を無視したような行為に及んだりと、財務諸表の信頼性を揺るがしている。この状況において、自己責任の原則を会計や開示のみならず監査に及ぼすと、今までの監査慣行とは異なる異質なものにまで監査人に保証を期待する投資者の要求がうかがえるようになる。

　自己責任を求められる投資者は、一定の情報の制約のもとで最大の結果を求めようとしている。継続的に最大の成果を追求する投資者からは、追加的な情報要求や仕組みに対する改正要求が生ずることはむしろ当然であり、会計、監査および開示の制度は、継続的に情報利用者の要求に応えていく体制を整えなければならない。経済変化に対応して会計基準、監査基準およびそれらを含む開示規制に対する市場からのニーズはますます増加することになる。このような検討を行うことによって、今日の企業内容開示の特質と課題を明らかにすることが本書の目的である。

第2章

連結情報の重要性と連結の範囲

第1節　連結情報と個別情報

　日刊新聞の財務面や企業面を見ると、毎日、多くの会社の業容や業績の新しい情報が報じられているが、そこには会社の財務数値、たとえば、売上高、経常利益、当期純利益や純資産などの数値が記載されている。言うまでもなく、それらは主に連結数値である。昨今の会計不祥事では、連結の会計処理に関する不実が指摘されるものもあり、単体ベースの財務会計の知識では太刀打ちできない議論も見受けられる。

　連結財務諸表を通じて得られる企業情報が、単体ベースの企業情報に比べて重視されつつあることについては、社会的な合意が形成されているようである。では、会社という法的な単位（法的実体）よりも法的な裏付けのないという意味で曖昧な企業グループという単位（経済的実体）で形成される連結情報の重要性が高まってきたのはなぜであろうか。

　本章の目的は、近年、企業業績の実態を知る上で、単体ベースの財務諸表よりも連結財務諸表が重視されることになってきたことのひとつの経済的な意味を検討することにある。まず、連結財務諸表と個別財務諸

表の違いと連結情報の分析上の留意点について説明する。次に、伝統的な会計情報の役割をアカウンタビリティーの視点から概説し、連結財務諸表に反映される情報の意義とそれが重視されるようになる背景を明らかにする。その上で、連結財務諸表に反映される連結情報の経済的意味を検討し、さらには、その経済的意味の落とし穴ともいうべき連結財務諸表制度の留意点を提示する。

第2節　連結情報の特徴と分析上の留意点

　企業の多角化・国際化に伴い、投資判断その他の企業分析を行うに当たって、企業集団に係わる情報が重要となっている。企業集団に係わる会計情報は、金融商品取引法の企業内容開示制度による連結財務諸表および会社法の株主総会提出書類としての連結計算書類が公表されている。

　連結財務諸表は、企業集団としての会計帳簿の記録に基づく決算整理の結果として作成されるのではなく、企業集団を構成する企業が個々に作成した個別財務諸表を基礎として作成される。具体的には、連結対象の各企業の個別財務諸表を合算して、企業集団としてのあるべき財務諸表への調整手続を経て作成されるのである。この調整手続により、連結財務諸表には、個別財務諸表に存在しない連結財務諸表固有の科目が生じ、また、企業集団の観点から個別財務諸表とは異なる認識・測定の方法が適用されることがある。

　連結会計情報を用いた企業分析では、このような連結財務諸表特有の会計処理およびその計算技術的な複雑さを理解しておくことが重要である。なぜなら、そこに個別会計情報の分析からは得られない連結会計情報特有の企業分析の結果や端緒を発見する鍵があるからである。本章では、連結財務諸表に特有な考え方や会計処理をその作成プロセスに従って解説し、連結会計情報と個別会計情報との会計処理の差異に注目した

分析手法および留意点を考察する。

第3節　連結情報分析上の留意点と限界

1　連結会計情報分析の留意点

(1) 企業集団としての性格

　連結会計情報の分析には、分析対象としてその企業集団を理解しておく必要がある。企業集団の性格は、支配従属関係の程度、展開している事業の内容、属している業種・産業の動向、経済環境の変化などに複雑に係わっているが、概括的には、親会社が支配従属関係にある複数の会社を垂直的に統合したものか、水平的に統合したものかにより理解することもできる。

　製造・販売機能を統合するような垂直的統合の場合には、資材の調達、製品の販売を通じた内部取引が大きく、債権・債務、内部取引および未実現損益の消去が多い傾向がある。おおむね単一市場で事業展開を行っている場合には、企業集団が属する事業のリスクも均質化される。連結会社の取引の性質が似通っているため、会計処理方法も統一しやすい。連結上相殺消去により規模が圧縮されることから、財政状態に係わる比率の連単倍率は小さく、経営成績に係わる比率の連単倍率が大きくなる傾向も予測できる。一方、水平的統合の場合には、連結上個別財務諸表の合算による規模への影響が大きく、債権・債務、内部取引および未実現損益の消去は少ない傾向がある。連結会社が別の市場で事業展開を行っている場合には、企業集団が属する事業のリスクも異質なものとなる。取引の内容が多種にわたり会計処理方法は統一しにくい。連結財務諸表は、合算個別財務諸表ともいうべきものとなり、財務比率も連結会社の各社の比率に応じて多様なものとなる傾向が予測できる。

　一般的に、企業集団が大規模化すると垂直的統合・水平的統合では、

説明がつかなくなる。自動車会社グループなどにもあるように、垂直的統合の企業集団のなかに金融子会社のように全く異なる業種を含んでいることもあり、留意が必要である。

(2) 親会社個別財務諸表の位置づけ

個別財務諸表は、株主総会での利益処分を決定する計算書である。企業評価や分析のための情報開示が連結中心に移行したとしても、個別財務諸表によって経営者が評価されることに変わりはないことを理解しておく必要がある。個別財務諸表を良く見せるためには、どのような内部取引が考えられるか、そのような視点も、連結と個別の会計情報の分析には有意義である。

(3) 企業集団内部の関係

企業集団内部の各連結会社の役割の理解も重要である。親会社と連結子会社の関係が、独立的か従属的か、共存共栄の関係にあるか、親会社もしくは子会社の犠牲の上にあるか、企業集団の当期純利益は、親会社が生み出したものか連結子会社から生じたものかなどについては、企業集団内部の固定資産もしくは有価証券取引、配当金・ロイヤルティーなどの取引、または、各財務諸表数値の連単分析により垣間見ることができる。

内部取引および未実現利益の消去の分析については、親会社が不適切な会社間取引価格を設定したならば、取引量と整合的でない内部未実現利益が発生することから、営業利益率や売上総利益率の連単比較およびそれらの連単倍率の期間比較も有効である場合がある。

(4) 連結の範囲

連結の範囲もしくは持分法の適用範囲については、一定の基準値等に基づき、その企業集団の財政状態および経営成績に関する合理的な判断を妨げない程度に重要性の乏しいものに限り、除外することができる。

しかし、連結の範囲もしくは持分法の適用範囲の決定に際して、どの関係会社を連結もしくは持分法の対象とするか、あるいは除外するかについては、親会社の恣意性が入る余地も残っている。

連結財務諸表の期間比較の可能性を確保するため、また、連結財務諸表の内容を十分に吟味するためにも、連結の範囲もしくは持分法の適用範囲の継続性に留意すべきである。連結の範囲および持分法の適用範囲の変動については、連結財務諸表の注記に記載される。また、損益計算書を経由しない利益剰余金の増減が伴うことから、連結株主資本等変動計算書に当期純利益もしくは利益処分以外の増減が示される。これらを把握して期間比較に考慮する必要がある。

2　連結情報分析の限界

(1) 会計基準による限界

現行の組織再編成を巡る制度上、経済的実態が同一と考えられる連結と合併などに異なる会計処理が適用される場合があり、組織再編成の影響も踏まえた連結会計情報の分析は、会計基準の不整合に伴う差異が存在することを理解しておく必要がある。

特に連結と合併は、ともに、組織再編成の手段であるが、税務上の考慮も相まって、前後して行われることがある。その際に、連結と合併での資産および負債の評価方法の差異、もしくは、連結時点と合併時点の評価のタイミングの差異により、資産および負債の評価額が異なる場合には、連結調整勘定（のれん）の償却などを通じて、または、処分などするまで、長期にわたってその不整合が解消されない計算構造となっている。

(2) 統一の不徹底など作成上の限界

連結財務諸表の基礎となる親会社および連結子会社の個別財務諸表に適用する会計処理方法は、統一しておかなければならない。しかし、連結子会社の所在地国の会計基準において認められている会計処理につい

ては、明らかに合理的でないと認められる場合を除いて親子会社間で統一する必要はない。特に、親会社が米国証券取引委員会（Securities Exchange Commision: SEC）に年次報告書を提出している場合などには、連結財務諸表そのものが日本基準でなく、いわゆるSEC基準で作成されている。在外基準で作成されている連結会計情報の分析や比較は、その程度におのずと限界がある。

連結決算日と連結子会社の決算日の差異が3カ月を超えない場合には、連結会社間の取引に係る会計記録の重要な不一致について、必要な整理を行うことを条件に、連結子会社の正規の決算を基礎として連結決算を行うことができる。しかし、その不一致を完全に分析するためには、実質的に仮決算を行わなければならないため、実務上、資本取引、資金取引、固定資産取引など特に重要な取引を除いて、整理を行わずに連結している実情がある。したがって、決算日の差異の期間に生じた取引については、連結財務諸表上、計上される会計期間がズレてしまうことがある。

連結財務諸表は、連結会社の帳簿に基づく会計記録を基礎としているが、その作成プロセスには、たとえば、債権・債務および内部取引の照合や未実現損益の計算など、各所に概算計算や重要性の範囲内の処理が含まれている。また、よるべき会計基準が異なる在外連結子会社の個別財務諸表など異質のものも含まれている。したがって、連結財務諸表は、企業集団の財政状態および経営成績に関する合理的な判断に資することを目的として、その範囲内で、多くの会計資料を集計して編集した仮想の計算書という側面もある。連結財務諸表を利用する場合には、連結財務諸表のこの作成上の限界を理解しておく必要がある。

(3) 企業集団の多様性

連結財務諸表に含まれる連結子会社等は、継続企業を前提として作成された個別財務諸表を基礎として連結されている。親会社を中心とした企業集団を単一の組織体と見立てていても、実際は、個々に独立した法

人格を有し、その信用力の程度、直面している事業のリスク、会計処理の慎重さなど、すべて異なる雑多の集団の結合体である。これを均質化することが、親会社の関係会社管理の機能でもあるが、それが行き届いていたとしても、なお、相対的にはバラツキがある存在である。したがって、連結財務諸表の報告単位である企業集団を、親会社と同程度に統合された一つの存在と考えることには限界がある。企業集団内のリスクは、連結財務諸表では、通常、考慮されていないことにも留意すべきである。

第4節　会社を取り巻く利害関係者

　財務諸表は、ある会計主体（ここではまず、ある「会社」としておく。）が、その利害関係者に対して一会計年度の経営成績とその会計年度の末日現在の財政状態を報告するために作成する財務書類である。会社の機関という視点からみれば、会社の所有者である株主（資金の供給者・委託者）は、その会社の経営を株主総会で選任した専門的経営者に任せて投資している。それに対して、株主から委託された経営者（資金の利用者・受託者）は、一年に一回、財務諸表を作成して株主に報告することを通じて、株主から託された経営の結果を株主に説明する。このように、財務諸表は、経営者が会社の業績を株主に報告する手段であり、アカウンタビリティーを遂行するための重要なツールとしての機能を果たしている。これは受託責任遂行機能とも呼ばれ、財務報告がもつ最も基本的な機能の一つである。

　もちろん、会社の利害関係者は、その会社の所有者である株主だけではない。証券市場の投資者は、たとえ現在その会社の株式を保有していなくとも、その会社の業績・株価などを勘案して将来その会社の株式購入を目論んでいる利害関係者グループである。その意味では、会社の所有者である現在の株主も、その会社の業績・株価次第では、その保有株式を追加して取得したり、売却することによってその会社への投資から

撤退することを考えている投資者グループの一部を構成しているということもできる。

　また、会社の仕入先や金融機関は、経営者の経営能力や会社の財務内容を評価して、掛取引や貸付けを行っていることから、その会社の経営成績や財政状態には重大な関心をもっている。この他、税務署等の規制当局、その会社の生み出す財・サービスを購入している顧客（消費者）、その会社に労働を提供して生計を立てている従業員、さらにその会社の所在地で会社と共生しているともいうべき近隣住民もその会社の業績には無関心ではない。

　会社は社会の公器といわれることがあるが、会社にはこのように多くの利害関係者が存在している。そして、これらの利害関係者はそれぞれに、経営者が公表する会社の財務諸表をもとにそれぞれ異なった視点から判断を行い、会社という経済の仕組みを成立させていると考えることができる。

第5節　連結財務諸表の意義

　連結財務諸表は、主に親会社の株主や債権者のために、親会社並びに子会社の経営成績および財政状態を、その親会社を中心とする企業グループが実質上あたかも支店や部門をもつ単一の会社であるかのように作成表示するものである。

　利害関係者が会社の業績を財務諸表から判断するためには、他の会社の財務諸表との比較が可能であることが重要な要素となる。たとえば、ある商品が製造され流通過程を経て販売されることを仮定してみる。この場合、その商品の製造、流通機能を一つの会社で担うか、子会社を含めた企業グループで行うかは、もっぱら経営組織の構築に関する経営者の判断に依存している。しかし、親会社のみの単体の財務諸表であれば、片方の会社の財務諸表には、製造から販売までのすべての成果と努力が

反映されているにもかかわらず、もう一方の会社の財務諸表には、たとえば製造の状況しか反映されないことになってしまい、両社のどちらが優れた業績を示しているのかを判断することができない。

今日では、企業グループ全体が支配する経営資源を効率的に活用し、それらが生み出す価値を最大化するという視点から、会社の事業規模が相当程度以上になれば、一社単独でなく子会社も含めた企業グループで事業展開することは当たり前になっている。先に会計主体は、「会社」と考えて説明したが、連結財務諸表は、「親会社を中心とした親会社および子会社からなる企業グループ」を会計主体とする財務諸表ということができる。

近年、企業組織の再編成に関する法整備が進んでおり、経営者が採用する経営組織の構築方法（買収、合併、子会社化など）は極めて多様化している。こうした経営環境下では、会社（もしくは企業グループ）に適合した経営組織を構築してより効率的な事業経営を行うことが経営者の務めであり、採用した経営組織の良否も含めて経営者の経営活動全般を利害関係者により良く説明することができる会計制度として連結財務諸表が存在すると考えることができる。

すなわち、企業グループとして買収、合併、子会社化といった再編方法のいずれを選択した場合にも、再編後の企業グループが支配する経営資源が生み出す価値を明らかにするための経済的インフラストラクチャーとして連結財務諸表が制度化されていると考えることもできるだろう。

第6節　連結財務諸表重視の傾向

連結財務諸表を重視する傾向は、最近のことではない。上場会社などについては、金融商品取引法に基づき会社が作成した有価証券報告書が公開されているが、この書類上、連結数値が中心となる開示が始まった

のは2000年3月の決算からである。以前は新聞各紙にも単体ベースの数値と連結ベースの数値が併載されていたが、おおよそこれ以降順次連結数値中心の報道となってきた。その理由は、会社の発表する財務数値が連結ベースを中心としたものとなったからである。

連結財務諸表は、親会社を中心とする企業グループの業績を表示するものであるが、これを単体の財務諸表と同様の視点で見ると、親会社の所有者である親会社の株主が、親会社の経営者に託した投資の善し悪しを判断するためのものと考えることができる。そのため、わが国の連結財務諸表は、親会社の株主の立場から作成することになっている。

会社法の施行により会社を取り巻く法制度が大きく変更され、会社法制でも連結財務諸表を重視する傾向が明確にされている。3月決算でいうと2007年3月から、有価証券報告書を提出している大会社では、従来からの単体ベースの計算書類に加えて、連結計算書類として連結財務諸表が株主総会の招集通知に添付されて株主に送付されている。

第7節　連結の範囲と連結情報の経済的意味

現在、連結財務諸表が、単体の財務諸表よりも利害関係者にとって有意義であることは理解できるだろう。それでは、連結財務諸表に含まれる投資先会社の範囲について考えてみる。連結財務諸表は、親会社を中心とする企業グループに属する各社が別個に作成した財務諸表を親会社が連結して作成する。したがって、経営者が、企業グループ形成の手法として、被買収会社や被合併会社のすべての資産と負債が会計帳簿に計上される買収や合併と同一の経済効果をもつ経営手法として株式取得を行った場合、連結財務諸表に経営者の意図する経済効果が正しく反映されていなければ、かえって、その連結財務諸表は利害関係者の判断を危うくする可能性をもっている。買収や合併と異なり株式取得では、投資先会社の株式を100％取得しなくても、言い換えれば、買収や合併よ

り少ない代償で実質的に買収や合併と同一の経済効果を得ることもできる。そのため、連結財務諸表の利用者にとって、企業グループの経営実態を適切に理解するとなると話は複雑になる。

　また、連結の範囲も連結財務諸表を通じて企業グループの実態を知ろうとする利用者にとって、重要な問題である。連結財務諸表に含まれる子会社などの範囲は、連結方針ともいわれる連結財務諸表の作成の基本となる重要な事項の一部である。わが国では、連結の範囲の決定は親会社の有する投資先会社への支配力に注目することになっており、支配を及ぼすことができる投資先会社を連結する。

　親会社とは、「他の会社」の意思決定機関を支配している会社をいい、子会社とは、その「他の会社」をいうが、会社の支配は、その会社の意思決定機関、つまり、取締役会やその取締役を選任したり会社の重要な取引を承認する株主総会を支配することができる力を拠り所としてる。したがって、支配は、通常「他の会社」の株主総会の過半数の議決権である50％超株式保有にみることができ、この他、自ら保有する議決権株式が50％未満であっても、実質的に「他の会社」の株主総会や取締役会の決議を支配することができる場合には、その「他の会社」に対して支配が存在するということになる。

　さらに、決議の支配が他の会社の経営資源の支配につながることを踏まえると、連結の範囲を支配の有無に決定することは、連結財務諸表において開示される会計情報の内容を次のように説明することができるだろう。企業グループ全体の経営資源のパフォーマンスを連結財務諸表を通じて明らかにするために、法的実体としては別組織である「他の会社」に帰属する資産や負債であろうとも実質的に支配している資産および負債が将来生み出すキャッシュ・フローの期待価値を形成できるように、連結財務諸表に反映させる資産および負債の範囲を画定させている。

第8節　連結財務諸表の落とし穴

　連結財務諸表には、原則としてすべての子会社を含めなければならないが、実務上、連結すべき子会社の範囲を決定することは、簡単なことではない。そもそも、「他の会社」の支配は形式的な要件で認定できるものではない。たとえば、投資先がいわゆる投資ファンドなどのように会社形態ではなく、一定の投資のための法人や集団である場合には、その投資ファンド、あるいは、その投資ファンドを経由した投資先に支配を及ぼすことができるかどうかを判断することは容易ではない。

　また、金融市場での資金調達手段の多様化の要請によって、たとえば、保有資産を売却しそれを賃借することにより企業の固定資産を現金化（流動化）する手法などに、事業目的が限定されている特別目的会社が利用されることから、その特別目的会社の事業がその目的に従って遂行されているときは、その特別目的会社を連結すべきでないという場合もある。

　近年、ライブドアの会計処理が不実であるとして社会的な関心を呼んだが、そこでは、①ライブドアが、支配下にある投資事業組合を通じてすでに買収済みのマネーライフ社を、その後関連会社が再度買収する形式をとり、その後の時点に初めてライブドアグループ入りしたかのような虚偽の情報開示をしたこと、および、②ライブドアが出資する投資事業組合がライブドア株式を売却することで得た利益をライブドアの投資利益として売上に計上したこと、が問題となっている。

　しかし、これも連結の範囲の問題に関連している。投資事業組合を連結の範囲に含めていれば、その後の時点でライブドアグループ入りしたかのような情報開示はそもそも不可能であっただろうし、架空売上とされている自己株式の売却益も、投資事業組合が連結の範囲内であれば、ライブドアグループとしての株式の発行としか処理し得なかったであろう。

ある投資先会社が連結の範囲に入っていなければ、その投資先会社の業績は連結業績には含まれないし、その投資先会社との取引は外部取引として表される。したがって、連結情報は、親会社の経営者が連結の範囲に関する判断を誤ったり恣意的に用いたりすれば、情報が脱落したり実態のない情報が創出されたりする危険性をもっている。

　現金基準で処理された会計情報よりも、発生主義会計が企業の収益性の評価については、より適しているように、一般に会計情報は、より多くの判断を経て作成されたものほど情報の客観性（信頼性）は低くなる。一方で、より多くの判断を必要とする会計情報ほど利害関係者の意思決定に適合するともいえる。

　逆説的であるが、このことは近年の会計基準等の改正によって、より多くの経営者の判断に依拠しなければ対処できない複雑な会計処理が増加したことからもうかがうことができる。財務情報の利用者は、連結情報に内在している危険性に加えて、会計情報がもつこのような性質も理解しておく必要がある。

　一般投資者を含む広い投資者を想定して投資環境の整備が進む今日、会計情報は、われわれにとって身近な存在となっている。会計情報を読み解くことが、特殊な技術であると思っていたかつては、会計情報はよりナマの企業内容や企業情報を含むものと考えられていただろう。一方、今日われわれは必要にも迫られ会計情報を身近なツールとすることができる環境で活動している。時を経て、会計情報が身近なものになってきているのと対応するように、会計情報もナマの企業情報の現れともいうべきものから変化していると考えても良い。

　連結財務諸表こそが、企業内容をより適切に伝えることができるということは、投資意思決定に用いられる企業内容の情報が、ナマの情報よりもより加工された、すなわちより多くの判断が加わった情報を選好していることの現れでもある。会計情報に含まれる経営者の主観的な判断の要素を理解しながら、相応しい投資意思決定を行っていくことが求められている。

第3章

組織再編と連結会計

第1節　組織再編と連結会計

　日本経済新聞に「企業の会計、国際基準と全面共通化」「日本の会計基準と世界100カ国以上で利用されている国際会計基準が2011年までにほぼ完全に共通になる。最大の違いだったM&A（合併・買収）に関する会計基準を含む差異をなくす。」という記事が掲載されていた。[1]この記事は、国際会計基準の収斂も見据えてわが国の企業結合会計を含む会計基準等の今後の方向を報じたもので必ずしも連結会計を取り上げたものではない。

　前章では、買収、合併や子会社化などの経済的実態を比較可能な形で表示できる会計制度として連結財務諸表を説明した。すなわち、企業グループとして買収、合併、子会社化といった再編方法のいずれを選択した場合にも、再編後の企業グループが「支配」する資産および負債が生み出す将来キャッシュ・フローの期待価値を明らかにするための経済的インフラストラクチャーとして連結財務諸表が制度化されているとみることができるというものである。

第2節　組織再編の経済的実態

　組織再編の実態を具体的に見てみることにしよう。ある会社が他の製造会社の事業を吸収して拡大することを想定する。その「他の会社」の財務諸表をみると、現金、売掛金、固定資産や買掛金のほか資本金を含む純資産などが計上されており、その「他の会社」は、それらの財産や債務たる資産および負債を保有しているとする。

　その「他の会社」は、その事業に精通した製造と販売のための従業員を育成確保していたり、事業の継続に必要な仕入先や得意先などの取引関係を形成していたり、その商品を製造するための独特の秘訣や販売するためのノウハウを蓄積していたり、あるいは、その商品独自のブランドのような顧客の信用も築いていると考えよう。このような事業上の雇用関係、取引関係、秘訣ノウハウや顧客の信用は、財務諸表には計上されないが、その「他の会社」の事業経営と密接に関連しており、その「他の会社」の事業を組織再編によって取引する場合には、取引の対象となる資産および負債の評価（取引価額）を決定するにあたって考慮しなければならない重要な要因となる。

　組織再編行為は、形式的には買収、合併や子会社化という形態をとるが、実質的には、「事業」の経済的実態、言い換えれば、「現物の資産負債」およびそれらの評価に影響を与える要因である「事実上の価値」を取引する行為であるといえる。その意味では、組織再編の会計問題の焦点は、キャッシュ・フローを獲得する単位である事業もしくはビジネスの実態を、そこで運用されている「資産と負債」と見ることである。個々の資産と負債は、それ一つ一つでは、キャッシュを獲得することはできず、大きな価値を有しないが、事業の単位で集合し、かつ、従業員等の営業活動を行う者によって働かされることをもって、大きなキャッシュを生み出す根源となる。つまり、資産と負債がキャッシュを生み出す根源となっており、この資産と負債をキャッシュを生み出す力で評価する

のである。

第3節　のれん（超過収益力）の評価

　それでは、目に見えない「事実上の価値」はどのように評価するのだろうか。「事実上の価値」は、そのような価値を有しない会社との収益力の差として現れるはずである。しかし、そのような価値を有しない会社の収益力を評価することは困難であるから、一般的にはその会社が属する業界の平均的な収益力に注目してそれを超える部分として計算される。したがって、その会社が有する「事実上の価値」は、会社が同業他社の収益力を超える収益力を有する場合のその超過部分ということができ、平均的な収益力を超える収益力という意味で「超過収益力」と呼ばれている。そして、この超過収益力は、財務諸表もしくは連結財務諸表上「のれん」として表示されることになる。

　次に、この超過収益力とその会社の資産負債との関係を考えてみる。超過収益力は資産負債から独立して存在し得るのか。確かに、他社のブランドの使用権を購入するような、超過収益力を直接買入れる場合には、その超過収益力は他の資産負債とは独立して存在しているということができる。

　このように、超過収益力は実際に取引された場合には、財務諸表や連結財務諸表において「のれん」として反映されることがわかる。

　しかし、それ以外の通常の場合には、超過収益力は会社の従業員やその従業員が製造販売に用いる資産と一体となってはじめて機能するものといえるし、雇用関係や取引関係などもその会社の資産が製造する商品、または、その会社がそれらの資産を稼働させてその商品を製造販売していること、に関連して機能しているものと考えられる。

　このように、超過収益力は通常その会社の資産負債とともに存在しており、資産負債と一体として評価されるものと考えることができる。

第4節　組織再編の諸類型と評価

　ここで、買収、合併や子会社化の組織再編の諸類型を整理しておく。買収は、他の会社の「事業」を取得するために、他の会社の「事業用の資産負債」を現金を対価として取得すること、合併は、他の会社の「事業」を取得するために、他の会社の「事業用の資産負債」を自社の株式を対価として取得すること、子会社化は、他の会社の株式を現金等を対価として取得し、他の会社（「企業」）そのものと一緒にその「事業」を取得することである。一般的には、買収（資産買収・事業譲受）と子会社化（株式買収）をともに買収と呼ぶが、ここでは、取得対象と対価に注目してこのように区分している。

　会計処理については、買収と子会社化は、通常の資産の売買取引と同様で、子会社化の場合には連結会計が適用されて連結財務諸表が作成される。それに対して合併は、対価の特殊性から企業結合会計が適用される。

　たとえば、他の会社の「事業」のすべてを取得するために、その「他の会社」のすべての資産負債を（従業員もすべて引き継いで）買収したり、その「他の会社」を合併したり、その「他の会社」の株式を100％取得したりという、同様の経済効果を生じる組織再編を考えてみよう。買収や合併で取得の対象となる「事業用の資産負債」も、子会社化で取得の対象となる「企業」そのものである他の会社の株式も、同様に取り扱われるべきことは容易に理解できるだろう。

　現行の会計制度においてこれらの場合には、買収では、取引時の資産負債の時価で現金対価が決定され、合併では、合併時の被合併会社の資産負債の時価で合併会社の増加する資本金の額などが決定され、連結では、株式取得時の資産負債の時価で株式の取得対価が決定され、連結手続においてその連結子会社の資産負債が株式取得時の時価で評価される。結局のところ、いずれの組織再編の方法によっても、取得した事業

に係わる資産負債は、取得会社の財務諸表もしくは連結財務諸表上、「のれん」を含んだ資産負債の時価による評価に基づいて「のれん」とともに表示されることになる。組織再編の会計においては、組織再編に係わるいずれかの会社が他の会社の「事業」を「取得」するという考え方を基本としているからである。

　このように、組織再編の会計によって資産負債の評価と独立して存在する超過収益力である「のれん」が財務諸表もしくは連結財務諸表に計上されることがわかる。ここで重要な点は、「のれん」は、組織再編を行う側の企業が組織再編により支配する他の会社の「事業用資産負債」が生み出すキャッシュ・フローの期待価値と当該資産負債の時価との差額であり、主観的な期待価値を反映しているという点である。

第5節　「持分の結合」と「共通支配下の取引」

　2006年4月1日から導入されている現行の企業結合会計では、極めて限定された場合に限って、合併に時価を反映しない評価額を用いることを容認している。たとえば、A社とB社が合併する場合に、どちらがどちらを取得したかを判断できない名実ともに対等な合併というものがあったとする。この場合にはどちらがどちらを取得したかがわからないことになり、取得された側の事業が時価評価されるという考え方を実行することができないため、A社とB社の資産負債を帳簿価額のまま合算することが認められている。これは、組織再編は「取得」を伴うとする考え方とは異なる考え方であり「持分の結合」と呼ばれる。

　完全に対等な合併が本当にあるかどうかの議論はさておき、時価評価されなかったことにより、組織再編の時点で財務諸表に計上されなかった「のれん」は、被取得会社の超過収益力を意味しているので、組織再編後に徐々に実現して毎期同業他社を上回る利益として計上され、組織再編の効果を会計計算上だけ高めている可能性があることが危惧されて

いる。

　子会社化と合併はともに同様の経済効果を有する組織再編の手段であるが、さまざまな事情により連結子会社を後から合併することも現実にはあり得る。この場合には、子会社化（連結）の時点で時価評価された資産負債を合併の時点でどう評価するのか、という会計上の問題が生じる。連結子会社を合併しても事業の経済的実態には何ら変化は生じないから、後の合併の時点でその連結子会社の資産負債を再び時価評価してその超過収益力を評価替えしても、このような一連の取引の経済的実態を正しく反映することにはならない。企業結合会計では、このような組織再編を「共通支配下の取引」といい、連結時点の評価の継続を定めている。

　本章の冒頭で示した新聞記事は、わが国で許容されている「持分の結合」という例外に関する今後の転換をうかがわせるものである。現行の企業結合会計は、そのような例外を含んでいるものの、買収、合併、子会社化という組織再編全般について、組織再編の手段の違いに影響されない経済的実態を反映した財務諸表もしくは連結財務諸表の作成表示を可能にしている。

第6節　「取得」と「支配」

　これまで、組織再編の会計を中心に「取得」をキーワードとして説明してきたが、組織再編の会計を連結会計に繋げて考えてみる。ある会社が他の会社の「事業」を取得するということは、連結（子会社化）では、他の会社の議決権の取得等による他の会社（企業）そのものの取得を意味する。前章では、この場合に「支配」という考え方で、その「他の会社」を連結の範囲に取り込む規定に関連して連結会計がもつ経済的意味について検討した。これは、連結会計では、組織再編の「取得」に「支配」という考え方を適用しているものということができる。それでは、買収

や合併の「取得」は、連結の「支配」とは異なるものなのだろうか。

　資産負債を買収するという交換取引は、他の会社の資産負債に対する支配を獲得して、その対価として自社の現金に対する支配を他の会社に移転する取引といえ、合併は、他の会社の資産負債に対する支配を獲得する一方で、自社の株式を発行するなどして自社そのものの支配の一部を他の会社の株主に移転する取引といえる。このように、買収や合併にも、他の会社の資産負債に対する「支配を獲得する」という効果が含まれている。組織再編において事業の経済的実態である資産負債を「取得すること」は、その方法にかかわらず、事業の経済的実態である資産負債に対する「支配を獲得すること」なのである。したがって、子会社化は企業の支配を通じてその企業の事業用の資産負債を支配するものといえる。

　このように考えると、「会社」もしくは「親会社を中心とした親会社および子会社からなる企業グループ」という会計主体の違いはあるが、財務諸表もしくは連結財務諸表は、ある会計主体が支配を及ぼしている資産負債を表示するもの、といってよいだろう。また、このことから、概念フレームワークなどにあるように、資産はある会計主体が支配している経済的資源であり、負債はその会計主体が支配しているその経済的資源を引き渡す義務であるというような見方もできる[2]。連結会計で用いられる「支配」という考え方は、実は連結だけにとどまらず、広く会計に用いられるべき重要な概念と位置づけることができる。

〔注〕

1)　『日本経済新聞』2007年8月4日。
2)　ASBJ[2006d], 第三章第 4-5 項。

第4章

少数株主と連結業績

第1節　連結財務諸表における「少数株主」

　次の財務諸表の表示項目の並びは、連結貸借対照表の「純資産の部」および連結損益計算書のひな形を簡略に示したものである。連結貸借対照表の純資産の部の最後には「少数株主持分」、連結損益計算書の当期純利益のすぐ上には「少数株主利益」という科目が表示されている。これらは連結財務諸表に特有の科目である。

連結貸借対照表（純資産の部）
Ⅰ　株主資本
　　1　資本金
　　2　資本剰余金
　　3　利益剰余金
　　4　自己株式（控除項目）
Ⅱ　評価・換算差額等
　　1　その他有価証券評価差額金

　　　　2　繰延ヘッジ損益
　　　　3　土地再評価差額金
　　　　4　為替換算調整勘定
　Ⅲ　新株予約権
　Ⅳ　少数株主持分

連結損益計算書
　Ⅰ　売上高
　Ⅱ　売上原価
　Ⅲ　販売費及び一般管理費
　Ⅳ　営業外収益
　Ⅴ　営業外費用
　Ⅵ　特別利益
　Ⅶ　特別損失
　　　税金等調整前当期純利益
　　　法人税、住民税及び事業税
　　　法人税等調整額
　　　少数株主利益（控除項目）
　　　当期純利益

　前章までに、連結財務諸表の意義、連結の範囲や組織再編の会計などを通して、資産負債に対する「支配」について検討した。そこでは、財務諸表もしくは連結財務諸表には、支配が及ぶ資産負債が、その支配を得た時の時価を基礎として表示されることから、支配は、会計上いつ何をどのような価額で計上するかに関しても重要であることを明らかにした。

　本章では、少数株主という連結特有の持分参加者の支配関係に注目し、連結業績に少数株主の存在がどのような意味をもつかについて検討する。

第2節　少数株主持分と少数株主損益

　連結子会社の純資産（＝資産－負債）のうち親会社の持分ではない部分を所有している株主のことを「少数株主」といい、その少数株主に帰属する純資産の部分を「少数株主持分」という。一方、連結子会社から生じた利益のうち少数株主に帰属する部分を「少数株主損益」（上記のひな形では「少数株主利益」）という。
　親会社単体の財務諸表では、純資産は親会社の株主が支配し所有しているということができるが、連結財務諸表の場合には、たとえば、親会社の連結子会社への株式保有割合が60％であるときには、連結財務諸表に含まれるその連結子会社の資産負債について、支配はしているが所有は60％部分のみという状況が生じる。
　このような場合、連結財務諸表の資産負債には連結子会社の資産負債も合わせて表示されるものの、その連結子会社の純資産や利益については、60％部分だけが親会社に帰属し、他の40％部分は親会社以外の株主に帰属することになる。100％取得でない場合には、企業グループ内に親会社の株主以外の株主の持分が残ってしまうことになる。
　上記の連結損益計算書のひな形のとおり、少数株主利益は控除項目である。連結損益計算書では、少数株主利益の直前まででその企業グループのすべての利益を計算し、その後、少数株主に帰属する利益を控除して親会社に帰属する利益を計算することになっている。[1]

第3節　全面時価評価法と部分時価評価法

　連結財務諸表では、連結子会社の資産負債は株式取得時（支配獲得時）の時価で評価されるが、その資産負債の時価評価差額の会計処理については、少数株主に帰属する部分を少数株主持分に計上する「全面時価評

価法」と計上しない「部分時価評価法」がある。資産負債側から見れば、時価評価差額の全額を含んだ額で資産負債を計上する方法と、時価評価差額の親会社持分部分（先の例では60％）のみを含んだ額で資産負債を計上する方法ということになる。

　部分時価評価法は、「連結財務諸表は親会社の株主の立場から作成表示するものである」という考え方を特に強調したものである。連結の範囲が過半数の株式保有（持分保有）だけでなく、実質的な意思決定機関の支配をも考慮して決定されることや、連結財務諸表の資産負債は、現実に親会社が支配している現物の資産負債であることを考えれば、資産負債の時価がそのまま連結財務諸表に表示される全面時価評価法の方が、「資産とは、ある会計主体が支配している経済的資源である」というような資産負債の定義とも良く適合するように思われる。実務上も全面時価評価法の採用が主流で、部分時価評価法を採用している上場会社は5％程度（分析対象300社中16社）という調べもある。[2] 他方、「のれん」の評価については、わが国ではその評価額の全額（「全部のれん」）ではなく、親会社持分部分のみを資産計上することになっている。[3] この親会社持分部分のみの「のれん」は、親会社が株式取得により購入した部分ともいえるため「購入のれん」と呼ばれている。

　前章で述べたように、資産負債の時価評価は、その資産負債が将来生み出す収益力に着目して行われる。その資産負債とその資産負債に関連して生じる「のれん」は、通常区分して把握することができないことを考えると、現状の全面時価評価法の採用傾向と購入のれんの実務は、首尾一貫していないばかりでなく、支配の考え方に十分に適応していないということができる。「のれん」は、親会社が支配を獲得したという事実に起因して生ずるものであり、その場合の株式保有割合とは関係がないものだからである。

第4節　少数株主と包括利益

　近時、業績指標としての利益に関する新しい考え方が導入されようとしている。それは、損益計算書で実現した収益から発生した費用を控除してその差額として利益を計算するのではなく、貸借対照表の純資産の増減分をもって利益と考えるもので、「包括利益（comprehensive income）」と呼ばれている。

　従来は、会社と株主との取引を除くと、損益計算書で計算された利益（当期純利益）が純資産の増減要因であった。しかし、近年の会計基準等の改正によって損益計算書を経ないで直接貸借対照表の純資産を増減させる会計処理（純資産直入処理）が増加し、その純資産直入項目に金額的重要性があることが多いために、現在、当期純利益は純資産の増減を端的に表示し得ないものとなっている。この純資産直入項目は、連結貸借対照表（純資産の部）に「評価・換算差額等」として表示されている。

　収益の実現や費用の発生と関わりなく純資産の増減分を利益とする包括利益の考え方は、支配に基づいて定義される資産負債に関連して業績が定まるという点で、支配の考え方をより重視するものといえる。

　さて、少数株主持分は評価・換算差額等と同様に純資産の項目であるが、少数株主に関連する項目は包括利益とどのような関係にあるのだろうか。少数株主は、連結財務諸表の資産負債もしくは連結財務諸表に含まれる連結子会社の資産負債に対して全く支配を及ぼすことができない。しかし、少数株主も、親会社もしくは親会社の株主による「資産負債への支配」の具体的な現れである事業経営の成果に利害関係がある。なぜなら、少数株主も、連結財務諸表上の純資産たる財産に対して、少数株主持分相当の請求権をもっているからである。

　したがって、純資産の増減額（包括利益）をその企業グループの連結業績と考えるのであれば、純資産の構成要素である「少数株主持分」と「評価・換算差額等」の区分は少数株主にとって重要である。連結財務諸表

では、少数株主持分への配分が当期純利益だけでなく純資産直入項目にも適用され、純資産のうち少数株主に帰属する少数株主持分と親会社に帰属するそれ以外の項目は相応に区分されている。

第5節　連結基礎概念

　少数株主に関連する連結業績の論点として他に、連結基礎概念というものがある。第2章では、わが国の連結財務諸表は親会社の株主の立場から作成することを示したが、実は、連結財務諸表をどのような立場から作成するかについての議論は決着したとはいえないのが現状である。
　連結基礎概念には、グループ全体の立場から連結財務諸表を作成するという「経済的単一体説」と親会社の株主の立場で作成するという「親会社説」の2つの考え方がある。経済的単一体説は、企業グループ全体に及ぶ単一の経営による支配を強調する考え方である。この考え方の下では、連結財務諸表は企業グループについての情報を提供するものとなり、企業グループを構成する個々の資産負債の合計が連結財務諸表の資産負債となる。親会社説は、親会社の株主の持分を強調する考え方である。この考え方の下では、連結財務諸表は親会社が支配している資産負債に対する親会社の株主の持分についての情報を提供するものとなり、親会社単体の財務諸表に「子会社株式」として純額表示されている親会社の持分投資を連結財務諸表上具体的な子会社の資産負債に置き換えて総額表示するものとなる。
　これまで検討してきた支配の考え方により適合するのは、経済的単一体説である。わが国の連結財務諸表は、親会社説を採用しながらも、少数株主に帰属する少数株主持分を純資産の部に区分表示することにより、支配の考え方や全面時価評価法の適用などを通して、親会社説の下での親会社持分（支配持分）と、それに少数株主持分（非支配持分）を足すことによって、経済的単一体説の株主持分も把握が可能な純資産の

表示を志向しているからである。

第6節　投資手段としての会社

　わが国が親会社説を採用することには支配の考え方への適応だけでは説明できない株式取引の実態もあるように思われる。親会社が支配している企業グループの資産負債の時価が企業価値を意味し、その企業価値は株式市場の株式価格から計算され、株式投資に的確な投資情報が連結情報であるとしても、投資者が株式市場で実際に取引しているのは企業グループを支配している親会社の株主の持分（親会社の株式）であるからである。

　支配の考え方が重要となる背景には、株主は会社の所有者であり、会社の目的は事業から得た利益を所有者たる株主に分配することである、という伝統的な会社の考え方から、会社は供給者から需要者への資金の運用調達の手段である、というファイナンス論的な会社の考え方への変化もあるように思われる。

　連結業績をみる上で包括利益に着目する考え方は、連結財務諸表が表現する情報の内容を資産・負債の情報と考えることに起因している。そのように考えれば、少数株主持分は、少数株主とはいえ持分所有者の持分であって、その変動も企業業績ということになる。一方、連結財務諸表は、親会社の株主が株式保有を通じて有している持分権の具体的な現れとしての資産および負債を表示する、と考えれば少数株主持分の増減は、企業業績とは考えることができない。

　貸借対照表の増減差額を「利益」（＝「包括利益」）と考えると、損益計算書で計算される「(純)利益」と比較して、次のような積極的もしくは消極的側面があるとされている。
　①「包括利益」の積極的側面
　　・決算操作の余地をなくすことにより、企業実態の透明性が高まる。

②「包括利益」の消極的側面
・本業の儲けが分かりにくい。
・「純利益」が経営者の経営指標・投資者の投資判断材料として定着している。
・企業業績が、株価・為替・デリバティブの状況などの市場動向によって大きく振れる可能性がある。

　これらの両面はあるものの、企業投資は、投資手段としての株式保有を通じた、実物の資産と負債への投資である、という考え方を基礎として、純資産の変動情報である包括利益の示す積極的側面に関心を及ぼすのが、企業内容の進展に応じた視点といえよう。

〔注〕

1) 2008(平成20)年12月に企業会計基準第22号「連結財務諸表に関する会計基準」が公表され、2010(平成22)年4月1日以後開始する連結会計年度の期首から、「税金等調整前当期純利益」に法人税額等を加減して、「少数株主損益調整前当期純利益」を表示し、これに「少数株主損益」を加減して、「当期純利益」を表示する方法が適用されることになっている。
2) 日本公認会計士協会[2007], p.154。
3) 企業会計基準第21号「企業結合に関する会計基準」第98項に「全部のれん」の不採用が明示されている。

第5章

連結基礎概念とその国際的動向

第1節　連結基礎概念を検討することの意義

　グローバルな金融資本の移動を背景に企業を取り巻く財務報告のルールが大きく変化している。本章では、近時の国際的な会計基準の大きな動きにおいて、しばしば、議論となる連結基礎概念を取り上げる。連結基礎概念は、連結財務諸表の作成の基礎となる基本的な考え方であり、連結財務諸表の報告を中心とする今日の財務会計の基準にあっては、その改訂に最も影響を及ぼす論点ということができる。しかし、連結基礎概念の論点は、国際的には概念フレームワークなどにも明示されていないことから、会計基準の改訂に当たっても、必ずしもその依拠が明示されるわけではなく、このことが広く関心をよぶこととなっている。

　本章および次章は、近時の会計基準の国際的な改訂動向にみられる会計処理をとおして連結基礎概念を検討することを課題としている。そのため、第5章では、アメリカ財務会計基準審議会（以下、FASBと省略する。）の議論から連結基礎概念を整理し、近時の国際会計基準審議会（以下、IASBと省略する。）およびFASBの連結基礎概念に関連する会

計基準等の改訂の動きを概観する。第6章では、会計処理等の基礎となる考え方に焦点を合わせることにより、連結基礎概念を比較検討している。

第2節　FASBの連結基礎概念

連結財務諸表を誰の立場で作成するのかという議論は、連結財務諸表が示すべき会計情報の内容に係わるため、連結財務諸表の会計処理を定めるものとなり、会計基準の改訂に影響を及ぼす。この連結財務諸表の作成に関する基礎を与える概念を連結基礎概念といい、現在、親会社概念と経済的単一体概念に大別されている。本節では、連結基礎概念について、連結財務諸表の会計基準の改訂に係わる議論の一環としてなされたFASBの成果に基づいて整理を進めたい。

FASBの連結基礎概念の議論は、1987年のSFAS第94号「すべての過半数所有子会社の連結」(FASB[1987])の公表後、連結方針や連結手続の審議として続けられた。それらは、1991年に討議資料「連結方針と連結手続」、1995年に公開草案「連結財務諸表：方針と手続」、これを改訂して1999年に改訂公開草案「連結財務諸表：目的と方針」として公表されている。本節では、これら一連のFASBの連結財務諸表の会計基準改訂の取り組みを連結プロジェクトと称している。

1　討議資料「連結方針と連結手続」

FASBの連結プロジェクトでは、1991年に公表された討議資料「連結方針と連結手続」(FASB[1991])において、親会社の連結財務諸表に含むべき子会社を決定する条件は、「支配」か、もしくは「議決権持分」か、という議論のなかで連結基礎概念が討議されている。(以下、公表物のパラグラフの引用は、当該公表物のパラグラフ番号のみを付す。)

①経済的単一体概念 (economic unit concept)

単一の経営によるグループ全体の支配を強調する考え方である。学説上、企業実体説 (entity theory) ともいわれるこの考え方の下では、連結財務諸表は、単一体として事業を行う親会社およびその子会社からなる法的な企業のグループについての情報を提供しようとするものとなり、グループを構成するさまざまな企業の資産、負債、収益、費用、利得および損失が、連結企業の資産、負債、収益、費用、利得および損失となる。経済的単一体概念では、支配が連結の本質的条件となる (pars.63, 123)。

②親会社概念 (parent company concept)

親会社株主の持分を強調する考え方である。この考え方の下では、連結財務諸表は、親会社に対する親会社株主の持分に子会社の純資産に対する親会社株主の未分配持分を加えたものを表し、連結貸借対照表は、親会社の貸借対照表上の子会社に対する投資を子会社の資産および負債に置き換えて修正したものとなる。連結財務諸表は、親会社が支配しているさまざまな資産および負債に対する親会社株主の残余持分ないし受益持分についての情報を提供しようとするものである。支配が連結のための必要条件とされるのは、親会社概念の場合も同様であり、子会社を統制し事業や財務の方針を決定する能力を欠いている場合、所有者は受動的な投資者とならざるを得ず連結は不適当と考えられる (pars.64, 124, 132)。

FASBが、親会社概念として討議した連結子会社を決定する条件では、議決権持分の過半数所有ではなく、支配によるべきことが示されている。このような考え方は、純粋な親会社概念というより、むしろ親会社拡張概念 (parent entity extension concept) と称される (Ernst & Young[2004], p.302) ものである。以下、本書で親会社概念をいう場合には、このFASBの連結プロジェクトが示す親会社拡張概念を意図している。

2 公開草案「連結財務諸表:方針と手続」

　先の両概念の論点の整理を経て FASB は 1995 年に公開草案「連結財務諸表:方針と手続」(FASB[1995]) を公表した。公開草案は、支配とは、資産に及ぼす力、すなわち、ある企業が自らの資産を使用するのと実質的に同じように、他の企業の個々の資産を使用し、または使用を指示する力であると定義し (par.10)、法的に異なる企業を単一の報告企業に結びつける絆 (tie) は、連結グループ内の各企業の個々の資産に対する親会社の支配およびその資産の使用を指示するために親会社に必然の能力にあるとした (par.7)。また、連結の条件として、議決権持分の過半数所有ではなく実質的支配を定め、支配の推定 (presumption of control) が及ぶ状況を示して支配の存在を評価すべきことを定めている (par.14)。

3 改訂公開草案「連結財務諸表:目的と方針」

　公開草案「連結財務諸表:方針と手続」に寄せられた議論を再び集約して 1999 年に改訂公開草案「連結財務諸表:目的と方針」(FASB[1999]) が公表された。これは、改めて連結の条件としての議決権持分の所有割合を否定し (par.203)、支配に基づくことを試みたものであるが、確定基準書を公表するには至らなかった。

4 連結プロジェクトからの示唆

　このように FASB の連結プロジェクトにみた連結基礎概念の論点を整理すると、経済的単一体概念においても親会社概念においても実質的支配も含めた「支配」は必要な条件であり、連結財務諸表の会計基準の改訂の議論として、連結基礎概念を用いる場合の両者の差異は、「支配」か「議決権持分」か、にあるのではなく、むしろ、その支配が、連結企業グループによる支配であるか、親会社を通じた親会社株主の支配であるかの差異として理解すべきものと考えられる。FASB の連結プロジェ

クトが採用した親会社概念が純粋な親会社の持分計算を越えて「支配」を要件としていることに制度としての会計基準の改訂への示唆を得るべきであると考える。

第3節　連結基礎概念に関係する会計基準等の国際的な改訂動向

連結基礎概念の議論は連結財務諸表の会計処理の基礎となるため、連結基礎概念に関連するものとしてとらえた近時の会計基準等の改訂は、連結会計処理、企業結合、業績報告（包括利益）や概念フレームワークにまで多岐にわたることとなる。本節では、連結基礎概念の論点を把握するためにそれらについてのIASBおよびFASBの改訂動向を概観することとする。

1　連結手続に関するIAS第27号改訂公開草案

IASBの「企業結合プロジェクト（第2フェーズ）」として扱われた連結財務諸表の会計処理に関するものであり、IASBとFASBの共同プロジェクトとして実施され、2005年6月にIASB第27号「連結および個別財務諸表」（IASB[2003a]）の改訂案として改訂公開草案（IASB[2005a]）が公表された。主な改訂提案は、次のとおりである。

①子会社の支配が喪失される結果とはならない親会社の所有持分の変動の持分計上；資本（持分）取引としての会計処理（par.30A）

②子会社の支配喪失に関して、子会社に残存する非支配持分投資の支配喪失日の公正価値による再測定とその差額の損益計上（pars.30C, 30D）

③これら①②が適用されるとき、2つ以上の取引により行われた支配の喪失を1つの取引として会計処理するための判定指針の提示（par.30F）

④少数株主持分（minority interest）の非支配持分（non-controlling

interest)への変更、および子会社の非支配持分に帰属する損失が子会社の非支配持分を超える場合のその損失の非支配持分への配分（par.35）

2　連結手続および非支配持分の報告に関する ARB 第51号改訂公開草案

FASB と IASB の共同プロジェクトとして実施された IAS 第27号の改訂と合わせて、2005年6月に FASB も ARB 第51号「連結財務諸表」（AICPA[1959]）の改訂公開草案「連結財務諸表；子会社の非支配持分の会計と報告を含む：ARB 第51号の改訂」（FASB[2005a]）を公表した。この改訂においても IAS 第27号改訂公開草案と同様の連結手続に関する会計処理の提案が行われたほか、次の改訂が提案された。

①連結財務諸表の目的

連結財務諸表の目的は、主として親会社の株主と債権者のために、親会社およびすべての子会社の経営成績および財政状態を、そのグループがあたかも1つの経済的事業体のように表示することであるとして、経済的事業体（economic entity）を強調する（par.6）。

②段階法の廃止

原則的に段階法（step by step basis）によることとしていた連結開始時の剰余金計算の項を削除する（par.11）。この削除は、連結財務諸表の会計処理も包含する SFAS 第141号「企業結合」改訂公開草案が取得時（支配獲得時）の一括公正価値評価を求めたことに対応している。

③非支配持分の表示

IASB と同様に、少数株主持分を非支配持分（noncontrolling interest）に変更し（par.1）、非支配持分は親会社の株主持分（controlling interest）と区分して持分（equity）として計算表示することとする（par.20）。

3　企業結合に関する IFRS 第3号改訂公開草案

IASB の企業結合プロジェクト（第2フェーズ）として FASB との共

同プロジェクトとして実施され、2005年6月にIFRS第3号「企業結合」改訂公開草案（IASB[2005b]）が公表された。主な改訂提案は、次のとおりである。

①段階的に達成される企業結合における取得日時点での被取得企業の公正価値　測定；累積原価から公正価値への改訂（pars.55, 56）
②支配獲得後の被取得企業に対する非支配持分の事後的な取得のIAS第27号　改訂公開草案適用による資本（持分）取引としての会計処理（par.57）
③取得企業の取得日時点における「全部のれん」の認識（par.49）

4　企業結合に関するSFAS第141号改訂公開草案

ARB第51号改訂公開草案と同様、IASBとの共同プロジェクトとしてSFAS第141号「企業結合」改訂公開草案（FASB[2005b]）が公表され、IASBと同様の会計処理を提案している。

5　IAS第27号、SFAS第160号、IFRS第3号およびSFAS第141R号改訂確定基準書

FASBは2007年12月にARB第51号の改訂となるSFAS第160号「連結財務諸表の非支配持分」（FASB[2007a]）およびSFAS第141号の改訂となるSFAS第141R号（FASB[2007b]）を公表した。また、IASBは2008年1月にIAS第27号およびIFRS第3号の改訂確定基準書（IASB[2008a], [2008b]）を公表し、企業結合プロジェクトの第2フェーズの完了を発表した（IASB[2008c]）。改訂確定基準書では、本書で論じている公開草案のうち「全部のれん」など一部の論点が採用されていない（IASB[2008d], p.13）。

6　業績報告（包括利益）に関するIAS第1号改訂公開草案および改訂確定基準書

IASBの業績報告プロジェクトで議論された「包括利益（comprehensive

income)」は、FASBが1980年12月に公表したSFAC第3号「営利企業の財務諸表の構成要素」(FASB[1980])により導入された概念で、持分（純資産）の変動を利益ととらえる概念である。SFAC第6号「財務諸表の構成要素」(FASB[1985])は、包括利益を、出資者以外の源泉からの取引その他の事象および環境要因から生じる一期間における営利企業の持分の変動である。包括利益は出資者による投資および出資者への分配から生じるもの以外の一期間における持分のすべての変動を含むと定義している (par.70)。

IASBで包括利益を扱う業績報告プロジェクトは、2006年3月にIAS第1号「財務諸表の表示」(IASB[2003b])の改訂公開草案「財務諸表の表示：改訂された表示」(IASB[2006a])を公表し、2007年9月に改訂確定基準書 (IASB[2007]) を公表した。

改訂公開草案では、定義において利益の概念整理を行っており、「包括利益」に相当する「総認識収益費用 (total recognized income and expense)」を株主の立場としての株主による拠出および株主に対する分配以外の取引または事象による企業の持分の当期の変動であると定義し、「損益 (profit and loss)」を「その他の認識収益費用 (other recognized income and expense)」の構成要素を除く費用控除後の収益の合計と定義している (par.7)。また、「認識収益費用計算書 (statement of recognized income and expense)」において、少数株主持分および親会社の株主に帰属する当期の「損益」と当期の「総認識収益費用」をそれぞれ区分して開示しなければならないことを定めている (par.83)。

改訂確定基準書では、「総認識収益費用」、「その他の認識収益費用」および「認識収益費用計算書」を「総包括利益 (total comprehensive income)」、「その他の包括利益 (other comprehensive income)」および「包括利益計算書 (statement of comprehensive income)」に変更し、「総包括利益」の定義を、所有者の立場としての所有者との取引による変動以外の取引または事象による持分の当期の変動であると修正している (pars.7, 83)。

改訂前の IAS 第1号 (IASB[2003b]) はすでに少数株主持分を貸借対照表に持分として表示することを定めているが (par.68)、この改訂は、利益の概念としても貸借対照表の非支配持分（少数株主持分）に関連する期間増減差額を「その他の包括利益」としてその要素に加える方向を明らかにしている。

これらに対し、わが国の「討議資料 財務会計の概念フレームワーク」(ASBJ[2006b]) は、包括利益を、特定期間における純資産の変動額のうち、報告主体の所有者である株主、子会社の少数株主、および将来それらになり得るオプションの所有者との直接的な取引によらない部分をいう（第三章第8項）と定義しており、非支配株主（少数株主）に関連する純資産の期間増減差額は包括利益の概念に入らないものとしている。

7 討議資料「改善された財務報告のための概念フレームワークについての予備的見解」

IASB および FASB が共同プロジェクトとして展開している概念フレームワークのプロジェクトは、2005年1月から8つのフェーズに分けて行われていたが、そのフェーズA「財務報告の目的および質的特性 (the objectives of financial reporting and qualitative characteristics)」の公表物が2006年7月に IASB、FASB それぞれから討議資料として公表された (IASB[2006b], FASB[2006])。この2つの公表物は、構成、項番号から文言まで同一となっている。

これら2つの公表物は、一般目的外部財務報告の目的は、現在および潜在的な投資者、与信者およびその他の者が、投資、与信および同様の資源配分に関する意思決定を行う場合に有用となる情報を提供することであるとし (par.OB2)、その潜在的利用者として、持分投資者 (equity investors)、与信者 (creditors)、（商品サービスの）供給者、従業員、顧客、政府、政府機関および規制当局、および一般大衆 (members of the public) をあげている (par.OB6)。

そして、連結基礎概念に係わる見解として、以下のように「企業の視点」を強調している（par.OB10）。

「一般目的外部財務報告により提供される情報は、特定グループのニーズというより、幅広い利用者のニーズに向けてのものである。概念フレームワークで「財務報告書」または「財務報告」という場合には「一般目的外部財務報告書」または「一般目的外部財務報告」をいう。したがって、財務報告書は、企業の所有者（現在の普通株主および連結財務諸表の親会社の普通株主）またはその他の特定グループの利用者の視点というより、企業の視点（perspective of the entity）を反映することになる。しかし、財務報告の基礎となる基本的な視点（basic perspective）として企業の視点（entity perspective）を採用することは企業の所有者またはその他のグループの利用者向けに第一に提供される財務報告情報を織り込むことを排除するものではない。たとえば、財務報告書には「1株（普通株式1株）当たり利益」が記載される。それは主に株式の保有者または潜在的な購入者が利害を有する情報である。……しかし、こうした情報は、企業の視点に従って作成される情報の追加となるもので代替となるものではない。」

8　連結の条件としての「支配」に係るIASBの議論

現在IASBでは、SPE（special-purpose entity）を含む連結範囲を決定する基準を開発中であるが、経済的単一体概念においても親会社概念においても連結の条件となる「支配」に関して、「企業に対する支配」ではなく、「企業の資産および負債に対する支配」としてとらえるべきであるという考え方の変更が検討されたことが報告されている（山田[2006b],p.66）。IAS第27号（IASB[2003a], [2008a]）は、支配を企業活動からの便益を得るために、その企業の財務および経営方針を左右する力（par.4）と定義していることから、この議論は、会計上の支配について、企業経営への支配か、企業資源たる資産負債への支配かに関して未解決の論点が存在することを意味するものといえる。

〔注〕

1) 会計主体を会社形態に限らない呼称として entity が用いられるとき、一般的には事業体と訳されることが多いが、本書では企業に統一して訳出している。

第6章

改訂会計基準等と連結基礎概念

第1節　連結基礎概念と会計基準

　本章では、第5章で検討した連結会計処理、企業結合、業績報告（包括利益）および概念フレームワークに関する会計基準の改訂動向を踏まえて、それらの改訂に係わる連結基礎概念の論点について検討する。それぞれの会計基準は連結基礎概念の観点からは相互に関連していることもあり、本章では、①支配獲得時の公正価値によるすべての資産および負債の評価、②支配獲得後の持分変動の資本（持分）取引としての会計処理、③非支配持分を超える損失負担、④非支配持分の持分表示と非支配株主損益の包括利益への算入、および⑤概念フレームワークに整理して検討し、それらの検討から一連の会計基準等の改訂の基礎となる考え方を探ることとする。

第2節　支配獲得時の公正価値によるすべての資産および負債の評価

　支配獲得時に公正価値によってすべての資産および負債を評価する方法は、連結企業グループもしくは結合企業の事業に係わる資産および負債を貸借対照表上、その公正価値で表示することを求めるものである。貸借対照表上の資産および負債ならびにその評価に焦点を当てるため、資産および負債のうち親会社もしくは親会社株主の持分部分のみに焦点を当てそこに公正価値評価を及ぼすのと異なり、たとえば、のれんについては「購入のれん」ではなく「全部のれん」の計上を促すこととなる。
　また、支配獲得という事実および支配獲得の時点のみにその企業結合の効果が生じると考えることから、連結における段階取得による支配獲得の場合に、持分の取得の時点ごとにその持分に対応する資産および負債の部分について公正価値評価を行い、その結果、取得時ごとの公正価値の累積原価により資産および負債が評価される段階法と異なり、支配獲得時のみの公正価値評価である一括法が求められるものである。
　この考え方は、資産および負債の定義を満たす財務諸表項目をその測定属性に見合った公正価値で評価するものであり、資産および負債に着目する点で、連結企業グループをその事業に投下されている資産および負債そのものの集合ととらえているものといえる。また、資産および負債の概念と測定属性（もしくは測定値）が適合していることから、あらゆる形態の企業結合にも同一の測定値を提供できる会計処理方法となり、合併、連結をはじめとする企業結合のさまざまな法的形式に単一の経済的実質で計算表示するべきという会計制度上の課題を容易に解決する長所をもっている。
　この会計処理方法は、経済的単一体概念が、連結企業グループを構成するさまざまな企業の資産および負債が、連結企業の資産および負債となるような連結財務諸表の作成を目指していることと対応していることから、経済的単一体概念により整合的なものであることが理解できる。

経済的単一体概念では、貸借対照表上の資産および負債に焦点を当てるという点で、支配の考え方としては「企業に対する支配」より「企業の資産および負債に対する支配」と考える方が相応しいと考えられる。

第3節　支配獲得後の持分変動の資本(持分)取引としての会計処理

　支配獲得後の持分変動取引は、親会社の株主と非支配株主との株式(持分)取引である。支配獲得後の持分変動を資本(持分)取引と考える方法は、支配獲得(もしくは支配喪失)という事実のみに基づいて企業結合の効果が生じるものであるから、それ以外の時点での取得売却により変動する持分については、支配を喪失するものとならない限り、経済的な実質に変化はなく、損益は生じないという考え方を基礎としている。これは連結財務諸表に示される資産および負債は、支配の移動がない限り同一の属性に基づく測定が行われるべきことを意味しており、連結企業グループの資産および負債の評価に焦点を当てる経済的単一体概念により近い考え方である。

　この論点は同時に、非支配株主との取引は外部取引か内部取引かという論点も含んでいる。経済的単一体概念によれば、連結企業グループの資産および負債の帰属が、親会社の株主であるか非支配株主であるかを考慮しないので、非支配株主も内部者と考えて良い。一方、親会社概念によっては、連結企業グループの資産および負債は理念的に親会社の株主の帰属部分と非支配株主の帰属部分とに区分されていると考えられることから、親会社もしくは親会社の株主が連結企業グループの内部者であり、非支配株主は外部者となる。支配獲得後の非支配株主との持分の取引を資本(持分)取引として損益を生じさせないことは、非支配株主を内部者ととらえることを意味し、経済的単一体概念の考え方といえる。

　ただし、連結会計処理では経済的実質に変化がなく損益が生じない取引と考えるとしても、現実には、親会社の株主と非支配株主との株式の

売買は当然外部者としてその取引時点での公正価値による交換取引が行われることにも留意しなければならない。連結財務諸表は、連結企業グループの財政状態や経営成績に関する合理的な判断に資することを目的として、その目的の範囲内で連結企業グループを構成するさまざまな企業に関する多くの会計情報を編集して作成した仮想の計算書という側面もあるのである。

第4節　非支配持分を超える損失負担

　わが国の連結財務諸表原則は連結基礎概念として親会社説（概念）を採用していることを明確にしているが、その会計処理として「子会社の欠損（すなわちマイナスの利益剰余金）のうち、その子会社に係る少数株主持分（非支配持分）に割当てられる額がその少数株主（非支配株主）の負担すべき額を超える場合には、その超過額は、親会社の持分に負担させなければならない」（連結財務諸表原則第四の四の2）と定められており、株主間の合意がある場合などの例外を除いて、非支配持分を超える損失は親会社持分が負担している。子会社に関連する損失の親会社持分と非支配持分への負担の論点は、非支配株主を外部者と考える場合には問題となるが、非支配株主を内部者と考える場合には連結企業グループの内部構成員間の負担関係にすぎず問題とならない。非支配持分を超える損失負担を非支配株主に負わせるとする考え方は、非支配株主を内部者とみるものである。

　しかし、わが国に限らず国際的にも、会社法制や株式の仕組みの下では、従属的な地位にある非支配株主が自らの持分を超えて投資先の損失を負担することは現実にはあり得ない。非支配持分を超える損失を非支配株主に負担させる考え方は、経済的理念的な損失の概念を会計上だけ実現しようとするものであり、親会社の経済的実態に合致したものではなく、親会社持分の計算に注目する立場からは合理的ではないといえる。

一方、経済的単一体概念では親会社持分と非支配持分の区分表示を必要としないにもかかわらず、このような理念的な持分の区分計算を厳密に行おうとすることは、親会社概念との折衷的な思考とも考えることができる。この会計基準の実務への適用においては、損失の負担関係の合意の形式よりも現実に負担するかどうかの実態を反映した評価が必要となろう。

第5節　非支配持分の持分表示と非支配株主損益の包括利益への算入

非支配持分を負債または負債と持分の中間（mezzanine）項目としてではなく、親会社の株主持分（支配持分）と区分して「持分」として表示することは、経済的単一体概念の採用とも親会社概念との折衷の考え方ともいえる。貸借対照表上の表示区分としての「持分」を、従来慣行のように親会社持分（支配持分）と考えるのではなく、（非支配株主も含んだ）株主の持分と考える一方で、親会社概念にとって重要な親会社持分の表示も維持する考え方である。非支配持分は「子会社に対する非支配株主の持分利益」（equity interests of noncontrolling shareholders in subsidiaries）（FASB[2005a] summary p. vii）であり、親会社概念においても株主の持分利益（equity interest）である性格を否定するわけではないから、非支配持分を親会社持分と区分表示する限り、親会社概念においても妥当するものである。

わが国会計が従来区分の資本と負債を自己資本と他人資本に整理しているのと異なり、アメリカなどでの表示区分の持分（equity）は、従来の会計上の思考を離れれば必ずしも自己持分に限定する必要はないのである。非支配株主損益を包括利益に算入するか否かの論点は、貸借対照表で親会社持分と非支配持分を区分することと対応している。親会社持分と非支配持分を区分する現在の貸借対照表では「その他の包括利益」は、親会社持分部分のみからなるように計算されている。すなわち、非

支配持分の変動は、その他の包括利益の各項目の変動も含めて貸借対照表の少数株主持分（非支配持分）として計算されている。

　貸借対照表上親会社持分と非支配持分を区分表示する必要がなければ、その他の包括利益も親会社持分と非支配持分の区分をする必要がなく、その他の包括利益の各項目の変動にその他の包括利益の各項目の非支配持分部分の変動も合算してもかまわない。したがって、非支配株主損益は、経済的単一体概念では包括利益に含まれ、親会社概念では含まれないこととなる。経済的単一体概念と親会社概念に特徴的な差異が、非支配持分の持分表示と非支配株主損益の包括利益への算入の論点に存在しているといえる。

第6節　概念フレームワーク

　討議資料「改善された財務報告のための概念フレームワークについての予備的見解」で明示された、「企業の視点（entity perspective）」は、企業の所有者である「現在の普通株主および連結財務諸表の親会社の普通株主」よりも、少数株主（非支配株主）も含めた企業そのものを財務報告で表示するということを明示している点で、新たなものと考えられる。

　このIASBとFASBの共同プロジェクトとしての討議資料に対して、企業会計基準委員会（以下、ASBJと省略する。）は、「企業の視点（entity perspective）」を「経済的単一体説」（概念）と訳出して、「経済的単一体説を財務報告書の基本になる考え方として採用した理由が、連結において経済的単一体説を採用する十分な理由たり得るか疑問である」と指摘している（ASBJ[2006a]）。

　ASBJは、このコメントにおいて親会社説（概念）を基本的な視点とすることの理由について次のように指摘している。

　①財務報告の目的は投資家等による企業成果の予測と企業価値の評価

に役立つような、企業の財務状況の開示にある。
②財務報告情報の主要な利用者であり受益者であるのは、報告主体の企業価値に関心を持つ当該報告主体の（現在および将来の）所有者である。
③親会社株主は、グループ全体に対する持分を持つが、少数株主は特定の子会社に対する持分を持つだけである。

2008年12月にASBJは、企業会計基準第22号「連結財務諸表に関する会計基準」を定めたが、そこでも「本会計基準においては、親会社説による考え方と整合的な部分時価評価法を削除したものの、基本的には親会社説による考え方を踏襲した取扱いを定めている」（第51項）と、親会社説に立脚していることを明確にしている。

第7節　資産負債アプローチと連結基礎概念

これまでの検討からわかるように、会計基準等の改訂動向は経済的単一体概念に合致する会計処理の提案傾向がみられる。一方、近時の会計基準の改訂はいわゆる資産負債アプローチの考え方を基礎として行われてきている。会計基準が概念フレームワークにおいて資産および負債を定義し、その定義に適合する属性をもった財務諸表要素を貸借対照表に計上するようにする会計基準改訂のアプローチを採用すると、資産および負債の定義に適合する財務諸表要素は貸方の帰属に関する概念を明らかにしなくとも会計処理は定まる。経済的単一体概念は資産負債アプローチに対応した思考をそなえており、資産負債アプローチの採用はすなわち経済的単一体概念を意図するものとみられないことはない。しかし、これまでにみた改訂動向は、経済的単一体概念を採用する会計基準の改訂というよりも資産負債アプローチにより適合させるための試みと考えるのが穏当であろう。連結財務諸表および企業結合に関する改訂確定基準書が「全部のれん」など経済的単一体概念に合致する考え方の一

部を採用しなかったこともそれをうかがわせるものである。

　IASBでは、連結基礎概念の検討は今後に予定されている概念フレームワーク・プロジェクトのフェーズA「財務諸表の目的」もしくはフェーズD「報告企業」のなかで行うようである（山田［2006a］,pp.52-53,［2007a］,pp.119-120,［2007c］,p.64）。会計基準等の改訂動向は、今後各会計基準設定主体が経済的単一体概念の採用を明確にしていくことを示唆するものなのかもしれない。しかし、経済的単一体概念に基づく財務報告を行うために行われてきた改訂ではなく、むしろ、企業結合など会計基準相互の整合性の確保ために資産および負債の定義に合致した財務諸表要素をオンバランスするためのものであったと考える。

　親会社概念は、支配を連結条件とする思考も取り入れており、親会社持分を区分して計算表示することによって、企業の視点による資産および負債の評価を重視する会計処理にも反しないため、本章で検討してきた経済的単一体概念に適合する会計処理を許容する多様性を有している。したがって、区分計算表示という方法により両概念の調整を図っているともいえ、連結基礎概念の会計基準への適用という観点からは、両概念に相容れないものは多くなく、最大の相違は、非支配持分の持分表示もしくは非支配株主損益の包括利益への算入の論点と考えることができる。

第8節　親会社株式の価値と連結財務諸表

　これまでの連結基礎概念に関連する会計基準等の改訂動向の検討では、経済的単一体概念と親会社概念の会計処理上の差異は、非支配持分を貸借対照表で区分表示するか、もしくは、非支配株主損益を包括利益と考えるかという点に集約されることを示した。このことは、これらの2つの概念が連結財務諸表で表示しようとするものの差異は、「企業の持分利益（equity interest）か」もしくは「親会社の持分利益（equity interest）か」であるということになろう。そしてこれは、非支配株主を擁する連結企業グループの会計主体は誰かという議論に関連することになる。

　連結財務諸表の会計主体については今日までに多くの議論がなされているが、ここでは、連結財務諸表の会計主体および連結基礎概念について株式取引の実情および企業の財務実務の観点から私見を提示したい。すなわち、投資者が市場で取引しているのは親会社の持分証券たる株券（株式）である。したがって、連結財務諸表は親会社株式の価値の表示に関連する計算構造を有する必要がある。

　もちろん株式市場が完全に競争的であってMM仮説を前提とすれば、企業の市場価値は資金調達方法や財務構成に影響を受けないから、親会社の持分もしくは非支配株主の持分をとりたてて区分表示する必要はないであろう。しかし、その場合にはもはや負債を区分表示することも必要ないのである。IASB会議では、負債と資本を区分せず両者を含む概念として、たとえば「請求（claims）」という1つの構成要素とする単一構成要素アプローチ（single element approach）も議論されている（山田［2007b］,p.75）。このことは、株式取引を金融の観点から考慮せざるを得ない会計を取り巻く経済環境も関係しているのかもしれない。

　もし株式市場が、会社や株式の価格を形成する場ではなく、ある企業によって運用されている資金（資本）の運用効率の尺度としてのプロジェクトの価格を形成する場であるとしたら、企業（もしくは会社）は、実物経済を担った実態をもった投資対象というより資本の投資単位というバーチャルなものとなろう。このような株式市場の前提では企業の資金調達の実情を反映した制度としての会計は成り立ちにくいと思われる。[1]

　今日、企業の所有者のみならず幅広い外部の利害関係者は株式市場での親会社株式（持分）の価格形成に関心をもっている。このような環境下で連結財務諸表が表示すべきものは親会社の持分でこそなければならない。連結財務諸表には、企業の視点で作成された親会社持分の計算表示が必要であり、それに適合する連結基礎概念をあえて選択するとすれ

ば親会社概念とならざるべきである。そして、現在の株式市場の実態や企業の資金調達実務を考慮した場合には、連結基礎概念は、株式市場、持分証券たる株券(もしくは株式)や株券発行者としての企業(もしくは会社)の会計上のとらえ方によって定まると考えられるため、それらの思考を含んだ財務会計もしくは財務報告に関する概念フレームワークの開発が必要であると考える。会計基準や基礎概念の進展は、資本市場の実態や規制に対応したものであるべきなのである。

〔注〕

1) MM仮説が企業の資金調達実務に観察されないことについては一般に指摘されている。たとえば、大村〔2004〕,pp.267-272を参照のこと。

第7章

特別目的事業体(SPE)の会計と報告単位

第1節　SPEを巡る会計処理

　不動産や債権などの企業資産を有価証券化して譲渡することにより資金調達を行う一連の取引を資産流動化もしくは証券化（Securitization）という。資産流動化は、企業自らの資産を活用した資金調達が可能となるばかりでなく、その資産をオフバランスにすることにより、財務体質の健全化も図ることができる。

　明確に定義された特定の事業目的を達成するためだけに事業体が設立されることがある。このような事業体を特別目的事業体（special purpose entity：以下、SPEと省略する。）という。SPE設立の目的は、証券化と証券化以外に区分できる。すなわち、SPEは、企業が特定の資産をSPEに譲渡しその資産から生じるキャッシュ・フローを原資として支払いを行う受益証券をSPEが発行することにより、資産流動化スキームの資産隔離の仕組みに組み込まれるほか、リース取引などの集団投資スキーム（collective invetment scheme）において投資者と投資対象を結ぶための媒体（vehicle）としても適用されている。基本的な

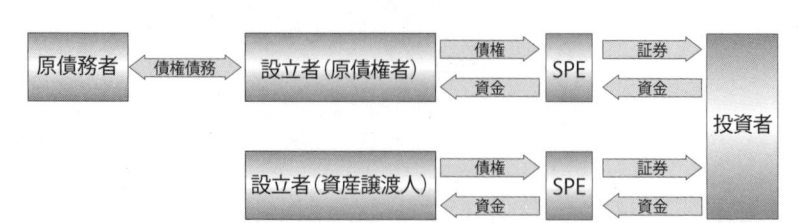

【図表7-1】資産流動化スキーム

資産流動化スキームは、【図表7-1】のようなものである。

　SPE は、会社、信託、パートナーシップまたは法人格のない事業体などの形をとる。日本では、投資事業組合として組成されているものもあり、それぞれさまざまな投資事業を行っている。

　SPE は、金融市場において証券化による資金調達手段の多様性を確保するために必要な投資媒体たる実体（entity）ではあるが、それを適用した取引が拡大するとともに高度に複雑化・多様化しており、証券化を目的とするオフバランスすべき SPE を定義することは容易ではない。また、SPE を投資の手段として適用した取引は、そのスキームの複雑さから、連結の適否や会計処理について社会的な問題となることも少なくない。

　これらからわかるように、SPE を巡る会計処理には、オフバランス化（非連結処理）とオンバランス化（連結処理）という社会的要請があり、その相反する2つの要請に円満に応える基準が必要となる。

　本章では、連結方針ともいわれる連結範囲の観点から、この問題に対する国際的な取り組みを検討し、報告単位である「エンティティー」の制度化に向けた動きを捉える。まず、国際会計基準審議会、アメリカおよび日本の SPE の連結を含む連結範囲に関わる基準の経緯と現状を概観する。その上で、報告単位「エンティティ」について検討する。

第2節　国際会計基準審議会の取り組み

1　連結範囲に関する基準の設定経緯

　国際会計基準では、国際会計基準委員会（International Accounting Standards committee：IASC）が1989年に公表したIAS27「連結財務諸表および子会社に対する投資の会計処理」（IASC[1989]）が連結の範囲を定めていたが、SPEに関する取扱いは、1998年に公表された解釈指針書SIC12「連結-特別目的事業体」（IASC[1998]）で明確にされた。IAS27は、2003年に「連結および個別財務諸表」（IASB[2003]）に改訂された。また、2005年に連結財務諸表の会計処理に関してIAS27の改訂公開草案（IASB[2005]）が公表され、2008年に改訂されている（IASB[2008a]）。

　近時、国際会計基準審議会（以下、IASBと省略する。）では、SPEの連結を含めた連結範囲の基準として支配概念を適用する議論も行われている。これは、IAS27およびSIC12を統合するプロジェクトともいえる。本節では、IAS27（2003年改訂）、SIC12、IAS27（2008年改訂）および連結範囲に関するIASBの議論を概観する。

2　IAS27「連結および個別財務諸表」（2003年改訂）

　支配（control）とは、事業活動からの便益を得るために、その事業体の財務および経営方針を左右する力をいう（par.4）が、IAS27は、連結財務諸表には、親会社のすべての子会社が含まれていなければならない（par.12）、子会社とは、パートナーシップなど法人格のない事業体も含み、（親会社といわれる）他の事業体に支配されているすべての事業体をいう（par.4）、と支配の有無により連結範囲を決定すべきことを明確にしている。

　支配は、過半数の議決権または実質支配の状況により判断される

(par.13)。

① 親会社がある事業体の議決権の過半数を直接的にまたは子会社を通じて間接的に所有している場合には、その所有が支配とはならないことが明確に証されるような例外的な場合を除き、支配が存在していると推定される。

② 支配は、親会社がある事業体の議決権の過半数を所有していない場合であっても次の場合には存在する。

　ア　他の投資者との契約によって、議決権の過半数を支配する力を有する場合
　イ　法令または契約によって、ある事業体の財務および経営方針を支配する力を有する場合
　ウ　その事業体を支配する機関である取締役会等の構成員の過半数を選任または解任する力を有する場合
　エ　その事業体を支配する機関である取締役会等の過半数の投票権を有する場合

また、IAS27 は、子会社は、投資者がベンチャーキャピタル、信託等の事業体であるという理由だけで連結から除外されるものではない（par.19）ことを明確にしている。

3　SIC12「連結－特別目的事業体」

SIC12 は、ある事業体と SPE との関係の実質が、SPE がその事業体に支配されていることを示している場合には、その SPE は連結されなければならない（par.19）とし、SPE それ自体は定義しないものの、SPE にみられる状況を説明して SPE に対しても実質的に支配が存在する場合があることを示している。

SPE には、管理委員会（gerverning board）、受託者または業務管理者の意思決定権限に対して、厳しい制限を課す契約が付されることが多く、SPE の継続的活動を定める方針は SPE の設立者またはスポンサーしか変更できないことがある（par.1）。このような SPE の限定された

継続的活動の運営をSIC12は「自動操縦（auto pilot）」と称している。
　SPEにおける支配は、この自動操縦による運営などを通して生ずる。SIC12は、IAS27の実質支配の状況に加えて、実質支配を示すSPEに特有な状況を示している（par.10）。
　①SPEの事業活動が、実質的に特定の事業体のために行われ、その事業体はSPEの事業から便益（benefits）を得ている。
　②実質的に、特定の事業体がSPEの事業活動の便益の大半を獲得する意思決定権限を有しているか、自動操縦の仕組みによってその権限を委ねている。
　③実質的に、特定の事業体がSPEの便益の大半を獲得する権利をもち、そのためSPEの事業活動に伴うリスク（risks）に晒されている。
　④実質的に、特定の事業体がSPEの事業活動からの便益を得るために、SPEに関する残余または所有者リスク（residual or ownership risks）の大半を負っている。
　「リスクと便益」の概念[1]の支配の判断への適用は、IAS39「金融商品：認識と測定」が金融資産の譲渡に「所有に伴うリスクと経済価値（risks and rewards of ownership）の移転」（IASB[2003],par.20.）という概念を適用していることとも整合しており、実質優先主義（substance over form）（IASC[1989a],par.30.）のもと、同一の経済実態に対して同一の会計処理を適用しようとするIFRS/IASの方針がうかがえる。

4　IAS27「連結および個別財務諸表」（2008年改訂）

　この改訂は、IASB/FASB共同プロジェクトとして公表された連結の会計処理に関するもので、主な改訂点は、次のとおりである。
　①子会社の支配が喪失される結果とはならない親会社の所有持分の変動の資本（net-assets）取引としての認識（par.30A）
　②子会社の支配喪失に関して、子会社に残存する非支配持分投資の支配喪失日の公正価値による再測定とその差額の損益計上（par.30C）
　③子会社の非支配持分に帰属する損失が子会社の資本（equity）に

対する非支配持分を超える場合のその損失の非支配持分への配分（par.35）

これらは連結範囲の議論に直接関係するものではないが、連結基礎概念に関して経済的単一体説をうかがわせるものとも考えられる。

5　連結範囲に関する IASB の暫定合意

IASB では、SPE の連結を含めた連結範囲を決定するための支配の概念を開発している。支配の定義など連結範囲に関連する暫定合意には次のものがある（山田辰巳 [2005],p.96.）。

①連結手続の根拠となる一般原則
　　ア　連結は、企業グループを単一の経済事業体のように報告することであり、究極の目的は企業が支配しているすべての資産を認識することである。
　　イ　連結は支配概念（企業が支配する資産を識別するための代理手段として他の企業に対する支配を用いる）に基づくべきである。
　　ウ　SPE を含む首尾一貫した支配判定規準および単一の包括的な IFRS が開発されるべきである。

②支配の定義
　　　　企業の潜在的な支配者は、他の企業を支配するために、次の3つの能力テストを満たさなければならない。
　　ア　企業の戦略的財務および経営方針を指図する能力（「パワー規準」）
　　イ　企業から生み出される便益へアクセスできる能力（「ベネフィット規準」）
　　ウ　これらの便益の金額を増加・維持または守るために上記の能力（パワー）を利用できる能力

近時 IASB では、連結範囲を決定する支配を企業に対する支配ではなく、企業の資産および負債に対する支配として捉える議論もなされてい

るようである（山田辰巳 [2006], pp.66-67.）。IASB は統合された支配概念をもって、SPE の実質支配を包含する連結範囲の再定義を試みている。

第3節 アメリカの取り組み

1 連結範囲に関する基準の設定経緯

連結範囲に関するアメリカの会計基準では、証券化目的の SPE と証券化以外の SPE が別々に定められている。証券化目的の SPE については、2000年公表の SFAS140「金融資産の譲渡およびサービス業務ならびに負債の消滅に関する会計処理」（FASB [2000]）において、適格 SPE（Qualified SPE）に該当するもののみ連結除外とされており、それ以外の SPE については、1987年に公表された SFAS94「すべての過半数所有の子会社の連結」（FASB [1987]）で一部改訂された ARB51「連結財務諸表」（AICPA [1959]）によって一般事業会社と区別なく定められている。FASB は、適格 SPE 以外の SPE について特有の取扱いを明確にしていなかったため、実務上、緊急問題専門部会（Emerging Issue Tsk Force：EITF）に基づく処理が行われ、エンロン事件をまねいたとされている。そこで、適格 SPE 以外の連結範囲を見直すため、2003年に FIN46「変動持分事業体の連結―― ARB51 の解釈書」（FASB [2003a]）およびこれを改訂した FIN46R（FASB [2003b]）が公表された。

2005年、FASB/IASB 共同プロジェクトは、IASB の IAS27 改訂公開草案と時を合わせて、公開草案「連結財務諸表：子会社の非支配持分の会計と報告―― ARB51 の改訂」（FASB [2005]）を公表し、IASB と同内容の会計処理を提案した。これは2007年に確定基準書として公表されている（FASB [2007a]）。

本節では、SFAS140 の適格 SPE の定義と ARB51 の連結の範囲を確

認し、FIN46R の取扱いを検討する。併せて、FASB の連結プロジェクトから連結範囲に係わる議論も概観する。

2 適格 SPE の概念

SFAS140 は、金融資産の譲渡について、その資産の認識の中止または継続を決定するための指針を提供するものであり、同じテーマを扱った SFAS125（FASB[1996]）を改訂したものである。SFAS140 は、SFAS125 が定義した適格 SPE について、SPE が適格であると考えられる状況を詳細にするとともに、適格 SPE は連結してはならないことを明確にしている（par.46）。

適格 SPE とは、次のすべての条件を満たす信託その他の投資媒体（vehicle）をいう（par.35）。

①その SPE は、譲渡人から分離されていることが証明できること

②その SPE に容認される活動は、㈇相当限定されており、㈈SPE を設立した法的文書等によって定められ、かつ、㈉譲渡人等以外の受益持分保有者の少なくとも過半数によってのみ重要な変更ができること

③その SPE は、次のもののみ保有できること

　ア　SPE に譲渡された受動的性格を有する（passive in nature）金融資産

　イ　譲渡人等以外の当事者に発行された受益持分に係わる受動的な派生金融商品

　ウ　他の当事者が譲渡された金融資産に十分なサービス業務を行わない場合や債務を適時に支払わない場合に SPE に補償される保証・担保権などの金融資産

　エ　SPE が保有する金融資産に関連するサービス業務権（servicing rights）

　オ　SPE が保有する金融資産の回収に関連して一時的に保有する非金融資産

カ　SPEが保有する資産から回収した現金および受益持分保有者に分配する現金を運用した投資でその目的上適切なもの
④ そのSPEは、次の条件に対する自動的な反応（automatic response）としてのみ、金融資産を売却したり、処分することができること
　　ア　SPEを設立した法的文書等に特定されている事象または状況の発生
　　イ　譲渡人およびその関連者もしくは代理人の支配外の事象または発生
　　ウ　SPEに譲渡された金融資産の公正価値が、一定程度を超えて低くなるか将来低くなると予測される事象または状況の発生
　　エ　譲渡人等以外の受益持分保有者の受益持分をSPEに売り戻す権利の行使
　　オ　資産の譲渡者による、SPEを設立した法的文書等に特定されている取戻権の行使
　　カ　当初に定められたSPEの終了または金融資産に係る受益持分の満期の到来

3　ARB51「連結財務諸表」の連結範囲

　ARB51は、連結の目的と連結範囲の原則を以下のように定めている。
　連結財務諸表の目的は、主として親会社の株主と債権者のために、親会社および子会社の経営成績および財政状態を、そのグループが実質上あたかも1つ以上の支店または部門をもつ単一の会社であるかのように表示することである。連結財務諸表は個別の財務諸表よりも有意義であり、グループの1社が直接または間接に他の会社の支配的財政持分（controlling financial interest）を有する場合に、適正な表示をするために通常必要であると考えられている。支配的財政持分を有するための通常の条件は、過半数の議決権持分を有することである。したがって、一般原則としては、1つの会社が他の会社の発行済議決権株式のうち50％

を超えて直接または間接に所有することが、連結を行うための条件である（par.2）。

　適格SPE以外のSPEに対しては、次の公表物による実務対応がとられていた。

　①EITFトピックD-14「特別目的事業体に関連する取引」（FASB［1989］）

　SPEの過半数持分を有する者が、SPEのスポンサーまたは譲渡人から独立した第三者であり、SPEを支配しており、SPEの資産に伴うリスクと便益（risks and rewards）を実質的に負担・享受している場合には、スポンサーまたは譲渡人はそのSPEを連結する必要はない。

　②EITF論点90-15「名目レサー、残価保証および他のリース条項の影響」（FASB［1990］）

　SPEがレサー（貸手）となるリース契約について、レシー（借手）がそのSPEを連結しなければならないのは、以下のすべてに該当する場合である。

　　ア　SPEの活動の実質的なすべてが、リースされた資産に係わっていること
　　イ　リース資産とSPEの債務に関連する期待実質残余リスクと残余便益の実質的なすべてがリース契約等によって直接的・間接的にレシーに存すること
　　ウ　SPEの出資者がリスクを負う実質残余持分投資を行っていないこと

　論点90-15では、実質残余持分投資といえる最低額は3％であるとのSEC担当者の見解も示されており、①②により、SPEの過半数出資者がSPEの債務の3％以上の投資を行っていれば、SPEを連結しなくても良いものとされていた。

4　FIN46R「変動持分事業体の連結─ARB第51号の解釈書」

　FIN46Rは、変動持分事業体（variable interest entity：以下、VIE

と省略する。）という概念を用いて、SPEのように、持分投資者が支配的財務持分の特徴を有していなかったり、十分なリスクを負担する持分投資を有しない事業体に対する連結範囲の取扱いを明らかにしている。[2]

VIEは、以下のいずれかの条件を計画的に満たすものである（par.5）。ただし、適格SPEには適用されない（par.4）。

①十分な投資がないこと

　他者からの追加的な劣後財務支援がなくては、リスクを負担する持分投資の総額が、その事業体の活動のための資金供給に十分ではないこと。その事業体に対するリスクを負担する持分投資が総資産の10％に満たない場合には、十分な投資とは考えられない（par.9）。

②投資者が支配的財務持分保有者ではないこと

　その事業体に対するリスクを負担する持分投資の保有者グループが、支配的財務持分の次の3つの特徴のうちのいずれかを欠く場合

　　ア　議決権等の権利により、事業体の活動を決定する直接的・間接的な能力

　　イ　その事業体の期待損失が発生したときにはその損失を負担する義務

　　ウ　その事業体の期待残余利益が発生したときにはその利益を受ける権利

VIEに期待損失（expected loss）もしくは期待残余利益（expected residual returns）が発生したときにその過半数を負担・享受する変動持分（variable interest）を有する企業が、そのVIEを連結しなければならない（par.14）。

5　FASB連結プロジェクト

FASBは、SFAS94の公表後も連結方針や連結手続の審議を続けており、1991年に討議資料「連結方針と連結手続」、1995年に公開草案「連結財務諸表：方針と手続」、これを改訂して1999年に公開草案「連結財務諸表：目的と方針」を公表している（FASB[1991][1995][1999]）。[3]

連結範囲に関しては、討議資料（FASB[1991]）において、連結すべき子会社を決定する条件は「支配」か「議決権持分」かについて連結基礎概念を踏まえて議論されている。

①経済的単一体概念（economic unit concept）

　単一の経営によるグループ全体の支配を強調する考え方である。この考え方の下では、連結財務諸表は、単一体として事業を行う親会社およびその子会社からなる法的な事業体のグループについての情報を提供しようとするものとなり、グループを構成するさまざまな事業体の資産、負債等が、連結事業体の資産、負債等となる。経済的単一体説では、支配が連結の本質的条件となる（pars.63,123）。

②親会社概念（parent company concept）

　親会社株主の持分を強調する考え方である。この考え方の下では、連結貸借対照表は、親会社の貸借対照表上の子会社に対する投資を子会社の資産および負債に置き換えて修正したものとなる。連結財務諸表は、親会社が支配しているさまざまな資産および負債に対する親会社株主の残余持分ないし受益持分についての情報を提供しようとするものである。支配が連結のための必要条件とされるのは、親会社概念の場合も同様である。子会社を統制する能力を欠いている場合は、その所有者は単なる受動的な投資者にすぎず、連結するのは不適当ということになる（pars.64,124,132）。

　この論点の整理を経て、公開草案は、支配とは、資産に及ぼす力、すなわち、ある事業体が自らの資産を使用するのと実質的に同じように、他の事業体の個々の資産を使用し、または使用を指示する力である、と定義し（par.10）、支配事業体は、支配を有するすべての事業体を連結しなければならない、とした。

　そして、次のような、支配の推定（presumption of control）が及ぶ状況を示し、実質的支配（effective control）の存在を評価すべきことを定めている（par.14）。

　　　(a)　概ね40％程度の高い比率の少数議決権持分を所有し、他

に重要な持分を有する者がいないこと
- (b) 他の事業体の統制機関の構成員の選任手続を左右し、過半数の構成員を選出できる能力が、最近の実例によって立証されていること
- (c) 過半数の議決権持分に容易に転換できる証券その他の権利を所有することによって、過半数の議決権持分を獲得する一方的な能力を有していること
- (d) 設立された事業体に議決権付株式または議決権を有する構成員が存在せず、基本定款等に、実質的にすべての将来の経済的便益を設立者に与えるように活動が制限され設立者以外はその規定を変更できないという規定が存在すること
- (e) 解散からの期待便益を上回るコストを負うことなく、事業体を解散して事業体の個々の資産の支配を継承する一方的な能力を有すること
- (f) 有限責任パートナーシップにおける唯一の無限責任パートナーシップ持分を有すること

　上記 (d) (e) にもみられるように、公開草案は SPE にも反証がない限り、支配の推定を適用することを予定していたが、改訂公開草案は、SPE はその投資先に支配の推定を用いた評価が行われることから、SPE に支配の推定を適用する必要がないと結論した (par.242)。しかし、この改訂公開草案も確定基準書には至っていない。

　支配概念を用いた連結の範囲の確立は、FASB 連結プロジェクトがこれらの公開草案までに到達していた結論であったが、今日、SPE の連結問題は、FASB に支配力基準の再検討を促しているといえる。

第4節　日本の取り組み

1　連結範囲に係る基準の設定経緯

　日本の連結範囲は、1977年の連結財務諸表制度の導入以降、議決権の過半数を実質的に所有している他の会社を子会社とする持株基準が採用されていたが、企業会計審議会が1997年に公表した「連結財務諸表制度の見直しに関する意見書」(企業会計審議会[1997])により支配力基準に転換している。企業会計審議会は、1998年に「連結財務諸表制度における子会社及び関連会社の範囲の見直しに係る具体的な取扱い」(企業会計審議会[1998])も公表し、支配についてより具体的な指針を提供する一方で、SPEの連結除外も容認した。また、同年日本公認会計士協会より監査委員会報告第60号「連結財務諸表における子会社及び関連会社の範囲の決定に関する監査上の取扱い」(日本公認会計士協会[1998])が公表されている。

　また、ライブドア事件などの連結を巡る不適切な会計処理に関連して、企業会計基準委員会(Accounting Standards Board of Japan：ASBJ)は、2006年に実務対応報告第20号「投資事業組合に対する支配力基準及び影響力基準の適用に関する実務上の取扱い」(企業会計基準委員会[2006a])を公表している。

　その後、2008年に企業会計基準適用指針第22号「連結財務諸表における子会社及び関連会社の範囲の決定に関する適用指針」の公表と、企業会計基準第22号「連結財務諸表に関する会計基準」の制定により連結会計基準の整備が進むなか、2009年に企業会計基準委員会から「連結財務諸表における特別目的会社の取扱い等に関する論点の整理」が公表されている。

　本節では、これらの公表物に基づいて連結範囲の規定とSPEの定めを整理し、SPEに対する支配力基準の適用方法を検討する。そして、

収斂に向けた日本の取り組みをうかがう。

2　企業会計審議会「連結財務諸表制度における子会社及び関連会社の範囲の見直しに係る具体的な取扱い」

①子会社の範囲

　親会社とは、他の会社等（会社、組合その他これらに準ずる事業体）の財務および営業または事業の方針を決定する機関（以下、意思決定機関と省略する。）を支配している会社をいい、子会社とは、その他の会社等をいう。他の会社等の意思決定機関を支配している会社とは、反証がない限り、次の会社をいう。

　　ア　他の会社等の議決権の過半数を自己の計算において所有している会社
　　イ　他の会社等の議決権の40％以上50％以下を自己の計算において所有している会社であって、かつ、次のいずれかの要件に該当する会社
　　　(a)　緊密な関係がある者および自己と同一の議決権行使に同意している者と合わせて他の会社等の議決権の過半数を占めていること
　　　(b)　現任または元の役員もしくは使用人が、他の会社等の取締役会等の構成員の過半数を占めていること
　　　(c)　他の会社等の重要な財務および営業または事業の方針決定を支配する契約等が存在すること
　　　(d)　他の会社等の資金調達額の総額の過半について融資（債務の保証および担保の提供を含む。）を行っていること
　　　(e)　その他他の会社等の意思決定機関を支配していることが推測される事実が存在すること
　　ウ　自己の計算において所有している議決権と緊密な関係がある者および自己と同一の議決権行使に同意している者が所有している議決権とを合わせて、他の会社等の議決権の過半数を占め

ている会社であって、かつ、上記イの (b) から (e) までのいずれかの要件に該当する会社

②特別目的会社の取扱い

特別目的会社 (special-purpose company : SPC) とは、特定目的会社による特定資産の流動化に関する法律に規定する特定目的会社および事業内容の変更が制限されているこれと同様の事業を営む事業体をいう[4]。

特別目的会社については、適正な価額で譲り受けた資産から生ずる収益をその特別目的会社が発行する証券の所有者に享受させることを目的として設立されており、その特別目的会社の事業がその目的に従って適切に遂行されているときは、その特別目的会社に対する出資者およびその特別目的会社に資産を譲渡した会社（以下、出資者等と省略する。）から独立しているものと認め、上記①にかかわらず、出資者等の子会社に該当しないものと推定する。

また、特別目的会社に資産を譲渡した会社がその特別目的会社の発行した劣後債権を所有している場合等、原債務者の債務不履行または資産価値の低下が生じたときに損失の全部または一部の負担を行うこととなるときは、その資産を譲渡した会社の財務諸表上、その負担を適正に見積もり、必要な額を費用計上することとする、とされている。

特別目的会社に資産を譲渡した会社が損失の全部または一部の負担を行う場合には、その程度により連結範囲に含むべき場合もあると考えられるが、これを連結除外とするこの規定は、特別目的会社を支配力基準に関係なく連結範囲から除外することを意図しているものといえる。

3　日本公認会計士協会監査委員会報告第60号「連結財務諸表における子会社及び関連会社の範囲の決定に関する監査上の取扱い」

財務諸表提出会社であるベンチャーキャピタルが営業取引としての投資育成目的で他の会社の株式を所有している場合には、支配していることに該当する要件を満たすこともあるが、その場合であっても、その株式所有そのものが営業の目的を達成するためであり、傘下に入れる目的

で行われていないことが明らかにされたときには、子会社に該当しないものとして取り扱うことができる。

この取扱いは、ベンチャーキャピタルとしての特別目的に注目して、特別目的会社を子会社としないことと同様の取扱いを認めたものであるが、IAS27 が投資者がベンチャーキャピタルであるという理由だけで連結から除外されるものではないとしていることと対照的である。

4 企業会計基準委員会実務対応報告第 20 号「投資事業組合に対する支配力基準及び影響力基準の適用に関する実務上の取扱い」

投資ファンドなどとも称される投資事業組合は、集団投資スキームとしての SPE の性格を有している。この投資事業組合の取扱いは、投資事業組合の業務執行者（業務執行組合員）が親会社に該当するかどうかの判断に係る支配力基準の適用に当たって、①連結範囲の一般基準の議決権の過半数に代えて、投資事業組合の業務の執行（すなわち、財務および営業または事業の方針）を決定することができる場合、を設定し、②実質的支配を推定する状況に、その投資事業組合の投資事業から生ずる利益・損失の概ね過半について享受・負担することとなっていることを追加して、連結範囲の一般基準を補完している。

この取扱いの公表は、支配力基準による連結範囲の適用が、特別目的会社の連結除外規定の存在により実務面で機能していなかったことを示すものであるが、②の考え方の導入は、「意思決定機関の支配」という日本の連結範囲の概念に「リスクと便益」の概念を導入したものであり、日本の連結範囲の支配概念を進展させるものとなっている。

5 企業会計基準適用指針第 22 号「連結財務諸表における子会社及び関連会社の範囲の決定に関する適用指針」

この適用指針は、子会社および関連会社の範囲について、「連結財務諸表制度における子会社及び関連会社の範囲の見直しに係る具体的な取扱い」を適用する際の指針を定めるものである。特に、①他の会社等の

意思決定機関を支配していないこと等が明らかであると認められる場合の明確化、および②利害関係者の判断を著しく誤らせるおそれがあるため連結の範囲に含めない子会社および持分法を適用しない関連会社の例示に焦点が当てられており、判断が難しい連結範囲からの除外に関連する指針を提供している。

①ベンチャーキャピタルなどの投資企業には、他の会社等の意思決定機関を支配していることに該当する要件を満たしていても、他の会社等の意思決定機関を支配していないことが明らかである場合があり、その取扱いを明確にして子会社に該当しないことを明示した。

②利害関係者の判断を著しく誤らせるおそれがあるため連結の範囲に含めない子会社および持分法を適用しない関連会社は、一般には限定的であると考えられているが、現行の実務等を考慮した具体例を示した。

この適用指針は、2008年5月に公表された後、12月に「企業結合に関する会計基準」および「連結財務諸表に関する会計基準」が公表されたことに伴い、2009年3月に取扱い等を合わせるための改正を行っている。

6　企業会計基準第22号「連結財務諸表に関する会計基準」

企業の連結経営重視の傾向や投資者の連結情報に対するニーズのなか、わが国の連結財務諸表に関する会計基準は整備が進んでおり、本基準の公表は、会計基準のコンバージェンスの推進等国際的な動向を受けたものである。主要な内容は、①持分プーリング法の廃止、②少数株主持分の測定に関する部分時価評価法の廃止、および③段階取得における連結財務諸表上の被取得企業の取得原価の算定を企業結合日の時価に基づくこととする改正である。

7 企業会計基準委員会「連結財務諸表における特別目的会社の取扱い等に関する論点の整理」

①支配の定義と支配力基準の適用について

特別目的会社の取扱いに資するように支配の定義の検討を行うことが示されている。支配の定義にリターンの要素を加味することも提案されている。

②連結対象となる企業について

会社以外の企業も連結対象となりうるため、どのような企業が連結対象となるかについて検討することが示されている。

③特別目的会社の取扱いについて

わが国の連結範囲の基準では、特別目的会社は連結の範囲から除外する規定が置かれているが、その規定ぶりの是非は議論となる。資産の流動化という金融上の必要を理由として連結から除外すべき特別目的会社を定義することが、連結会計基準としての連結の範囲の定義と整合的になるかどうかが論点である。

④特別目的会社に関する開示について

特別目的会社およびそれに類似する企業に関する開示を拡充する。

⑤支配が一時的な子会社について

支配が一時的である子会社を連結の範囲に含めない取扱いと、表示や注記を付して連結の範囲に含める取扱いとの相違の検討である。

8 CESRの同等性評価およびASBJ/IASB共同プロジェクト

ヨーロッパ証券規制当局委員会(Committee of Europian Securities Regulators: CESR)が、2005年に公表した第三国の会計基準の同等性に関する技術的助言では、日本の会計基準について補完計算書(supplementary statements)を作成すべき項目の一つとして「連結の範囲(支配の定義〜適格SPE)」があげられている(CESR[2005])。

アメリカ基準にも補完計算書が要求されており、企業会計基準委員会は、今後の IASB と FASB との検討の方向性も踏まえるため、FASB との定期協議のテーマとする意向である（企業会計基準委員会 [2006]）。また、ASBJ/IASB 共同プロジェクトとしても会計基準間の差異が短期的には縮小できないものの、優先的に取り組む項目に位置づけられている（石原宏司 [2006],p.25.）。

第 5 節　SPE の連結範囲と報告単位

SPE の会計処理について、IASB、アメリカおよび日本の取り組みについて検討してきた。この検討から、連結範囲、すなわち、報告単位を定める概念は、IASB の支配のあらわれとしてのリスクと便益、アメリカの支配的財務持分、日本の意思決定機関の支配と整理でき、支配の存在そのものを判断して連結範囲を決定するのは IASB と日本の基準であることが指摘できる。一方、アメリカと日本の連結範囲には、SPE（アメリカは適格 SPE）に対する連結除外の定めが存在している。SPE を連結範囲から特に除外する扱いは、日本では支配による連結範囲の判断を妨げている現況があり、また、SPE たる事業の目的に従って遂行されている SPE の意思決定機関を支配している場合などを考慮すると、SPE の連結問題の課題であるオフバランス化とオンバランス化に整合的に応えるものとはいいがたい。特別目的会社等一定の SPE の存在理由をまず認めた上で、特別法など独特の対応で制度化しようとする姿勢がうかがえる。

IAS27 および ARB51 の改訂が FASB/IASB 共同プロジェクトとして公表されている現況を考えれば、日本の連結範囲の議論も SPE の連結を含めた連結範囲を決定するための支配概念の開発に集約されていくと考えられる。これらは、今後、CESR の同等性評価への対応や ASBJ/IASB 共同プロジェクトの中で解決をしていくことになる。日本におい

て、今後、SPE の連結を含めむことができる支配概念の検討を行うとき、新たな報告単位についての制度化が行われることになろう。なぜなら、連結の範囲や組織再編の視点、それぞれが、すべて報告単位を何にするかという議論だからである。

また、連結範囲を決定する支配を企業に対する支配ではなく、企業の資産および負債に対する支配として捉える IASB の議論は、連結範囲に関連してかつてアメリカの FASB 連結プロジェクトで展開された連結基礎概念にも関連することになろう。

支配概念の確立や支配状況の拡充に及ばんとする一連の SPE の連結を含む連結範囲の議論は、日本の連結範囲が今後ならうべき方向を示している。しかし、連結基礎概念が安定しなければ、連結会計に新たな課題をもたらすおそれもある。SPE の連結を含む連結範囲、すなわち報告主体の概念化の課題は、連結基礎概念の確立にもあるように思われる。

〔注〕

1) リスク・リウォードモデルと称されることもあり、IASB、FASB ともに便益 (benefit) と経済価値 (rewards) を同義に使用している。たとえば、山田辰巳[2006a],p.36、山地範明[2003],p.30。
2) 変動持分（variable interest）とは、ある事業体についての契約、所有その他の財務要因による持分であり、事業体の純資産の変動とともに変動するものをいう (FASB[2003b],par.2)。
3) FASB の連結財務諸表の会計処理に関する一連の取り組みを本章では FASB 連結プロジェクトと称している。
4) 日本では、SPE を特別目的会社と称することが多いが、企業会計審議会[1998]においても、この会社等には組合その他これらに準ずる事業体を含むことが示されており、本章では SPE と特別目的会社を同義に使用している。

第8章

内部統制の監査手続

第1節　重要な虚偽表示のリスクの評価と内部統制の評価

　本章は、内部統制（internal control）の評価を手続的に解明することを目的としている。内部統制の監査手続には、内部統制の理解と財務諸表監査におけるリスクの理解が基礎となる。内部統制は、①企業の財務報告の信頼性を確保し、②事業経営の有効性と効率性を高め、③事業経営に係る法規の遵守を促す、という企業目的を達成するために、取締役会、経営者その他の人々によってデザインされ運用されるプロセスである。また、内部統制は、①統制環境（control environment）、②企業のリスク評価プロセス（risk assessment process）、③統制活動（control activities）、④財務報告目的の情報システムと伝達（information system and communication）および⑤監視活動（monitoring of controls）の5つの構成要素からなっている。これらの構成要素は、相互に影響し合い、経営管理の仕組みに組み込まれて一体となって機能する。内部統制が有効であるためには、3つの内部統制の目的に関連して五つの構成要素がすべて具備されていることが必要であり、監査に関連する内部統制

は、内部統制の5つの構成要素のいずれかに含まれている（COSO［1994］，pp.13-21.）。

　一方、監査リスク（audit risk）は、固有リスク（inherent risk）、統制リスク（control risk）および発見リスク（detection risk）の3つの要素で構成され、監査人は、監査リスクを社会的に許容される水準に抑えるように監査を実施するリスク・アプローチという手法に従って監査を実施している。2005（平成17）年改正の現行の監査基準は、財務諸表に重要な虚偽の表示が生じる可能性を、固有リスクと統制リスクの2つの要素を結合したリスクである重要な虚偽表示のリスク（risk of material misstatement）として評価することとしている。

　本章では、「財務諸表項目レベルの重要な虚偽表示のリスク」の評価の一局面である内部統制の評価のための監査手続を業務内容の例示にあわせて例証している。このため、重要な虚偽表示のリスクのうち、統制リスクに焦点を当てており、「内部統制を含む企業および企業環境の理解」の「内部統制の理解」の手続および「運用評価手続」を、「統制評価手続」すなわち「内部統制の整備状況の検討」および「内部統制の運用状況の検討」に再構成して説明している。このようなリスク評価の視点は、改正前監査基準に定められていたものであるが、抽象的なリスクの概念から業務内容に着目して監査要点へ絞り込む方法を例証するためには必要な仮定と考えている。これに関連して、本章では、内部統制の概念も上記の3つの目的および5つの構成要素を前提に説明している。

第2節　取引サイクルと監査

　本章では、内部統制の監査手続として、販売取引サイクルを取り上げる。内部統制の監査手続では、内部統制の理解、運用評価手続および実証手続が縦断的に用いられ、リスク・アプローチに基づく効果的かつ効率的な監査が実施される。

取引サイクルとは、会計処理に関連するプロセスを、取引の流れに従って捉えたものである。この取引サイクルは、いくつかのプロセスによって構成される。たとえば、販売取引サイクルは、売上計上プロセス、債権回収プロセスなどから成り立っている。監査を取引サイクルに区分して実施する場合においても、企業の事業内容等の理解による固有リスクの識別、内部統制の理解による統制リスクの暫定的評価、統制評価手続による統制リスクの評価および実証手続による監査要点の立証という、一連の監査計画の手続および監査の実施の手続を実施することには変わりはない。

取引残高および取引に関連する勘定残高に関連する監査要点、たとえば、売上高、売掛金、売上原価、買掛金などに関連する監査要点は、その他の勘定残高に関連する監査要点、たとえば、現金および預金、有価証券などに関連する監査要点とは異なり、貸借対照表日以後に実施できる比較的証明力が高い監査技術、たとえば、実査や確認などだけでは十分かつ適切な監査証拠を入手することはできない。そのため、統制リスクの評価を基礎として、試査により内部統制に依拠した監査が実施される。監査の実施は、①内部統制の理解、②監査要点に関連する内部統制の理解、③内部統制の整備状況に係る統制評価手続、④内部統制の運用状況に係る統制評価手続、⑤実証手続のステップを経るが、取引サイクルの監査では、内部統制に依拠した一連の監査の実施を主要な取引サイクルごとに縦断的に実施する。とくに、特定の取引サイクルに係る、①監査要点に関連する内部統制の理解、②内部統制の整備状況に係る統制評価手続、③内部統制の運用状況に係る統制評価手続の実施について、同時に実施するところに効率性の要点がある。実務上、企業の事業内容等の理解、内部統制の理解、統制評価手続および実証手続の諸活動は、分離独立して実施されるのではないことに留意しなければならない。

経営者によって作成される財務諸表は、企業の事業活動の結果についての経営者の主張であることから、取引サイクルごとの経営者の主張としても捉えることができる。したがって、監査人が、立証すべき監査要

点も、取引残高および取引に関連する勘定残高に関連する監査要点については、取引サイクルごとの経営者の主張から導き出されるものとなる。

監査は、漸進的なプロセスであるが、その企業の主要な取引サイクルに焦点を当てて監査手続を実施することにより、監査要点に関連する内部統制を統合的に把握することができる。この意味で、取引サイクルの監査は、リスク・アプローチに基づく、最も基本的で最も洗練された手法であるということができる。それゆえ、各取引サイクルで実施されている特定の監査要点に関連する内部統制（主として統制活動）の機能を理解し、その機能が最も効果的に発揮されている活動について監査手続を実施することに、効果的かつ効率的な監査の実施の要諦が存在し、そこに、監査人の専門的判断が要求される。

第3節　取引サイクル

1　販売取引サイクル

企業の主要な取引サイクルの一つである販売取引サイクルを例にとる。販売取引サイクルは、収益の発生および債権回収に関係する取引サイクルであり、一般に、受注、出荷、売上計上、請求、債権回収、債権管理のプロセスを統合したものである。販売取引サイクルの業務を把握する際には、受注、出荷、売上計上は、随時的な活動であり、請求、債権回収、債権管理は、通常、定期的な活動であることにも留意すべきである。

2　販売サイクルの業務の流れ

販売サイクルに関わる業務の例として、以下に記述した業務内容を用いる[1]。これをフロー・チャート（受注から請求まで）に示したものが【図表8-1】である。次節では、これらに従って、取引サイクルの監査の手続を例説する。

(1) 全般
①職務分掌規程、職務権限規程および販売管理規程が整備されている。
②新規得意先に対しては、販売担当者が信用調査を行い、販売責任者の承認後、その顧客と販売基本契約（販売品目、販売価格、回収条件等）を締結している。
③販売担当者は、得意先マスター（販売品目、販売価格、回収条件、与信限度額等）について販売責任者の承認を得た後、情報システム部門にマスター登録を依頼する。
④情報システム部門は、販売担当者から回付されたマスター登録用紙に基づきマスター登録を行い、入力済印を押す。
⑤得意先のマスターファイルの変更・更新に当たっては、販売責任者が承認する。

(2) 受注
①受注は、得意先から電話によるか、注文書がFAXで送られてくる。電話による注文の場合は、販売担当者が受注メモを作成する。
②受注後、販売担当者は、受注メモまたは注文書に基づき、受注入力を行う。販売担当者は、受注入力の際、端末の画面上で入力が正しく行われたかどうかを確認している。なお、受注入力は、得意先マスターに登録されている得意先からの注文についてのみ入力することができる。
③受注入力後、出荷指図書および注文請書が出力され、受注メモまたは注文書と一緒に販売責任者の承認が行われる。出荷指図書については受注メモまたは注文書を添付して出荷部門へ回付され、承認後、注文請書については得意先に郵送される。
④販売管理システムでは、受注入力を行うと受注管理するために注残データが作成される。注残データは、売上入力が行われると消込みが行われ、請求データに変換される。

【図表 8-1】販売取引サイクルのフロー・チャート（受注～請求）

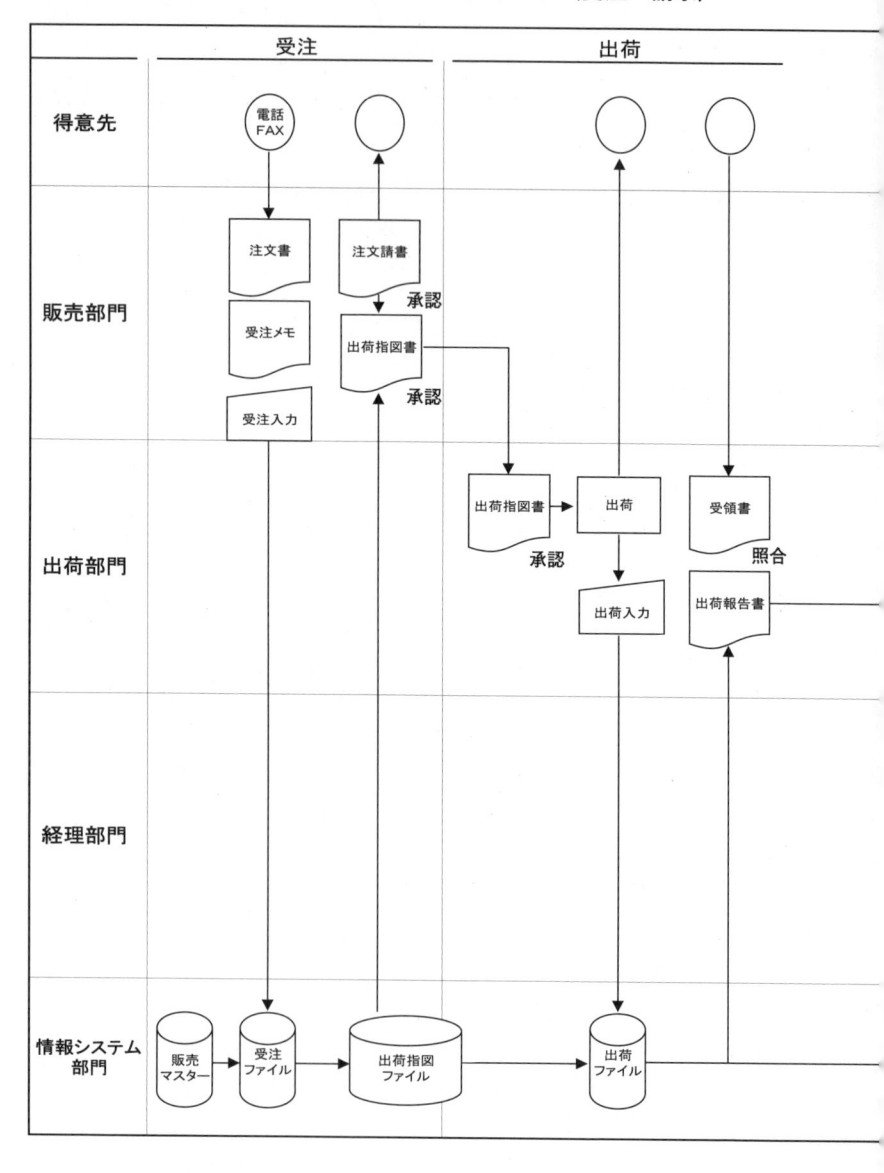

	受注		出荷	
得意先	電話FAX	○	○	○
販売部門	注文書 受注メモ 受注入力	注文請書 承認 出荷指図書 承認		
出荷部門			出荷指図書 承認 出荷入力	出荷 受領書 照合 出荷報告書
経理部門				
情報システム部門	販売マスター	受注ファイル	出荷指図ファイル	出荷ファイル

第8章 内部統制の監査手続　91

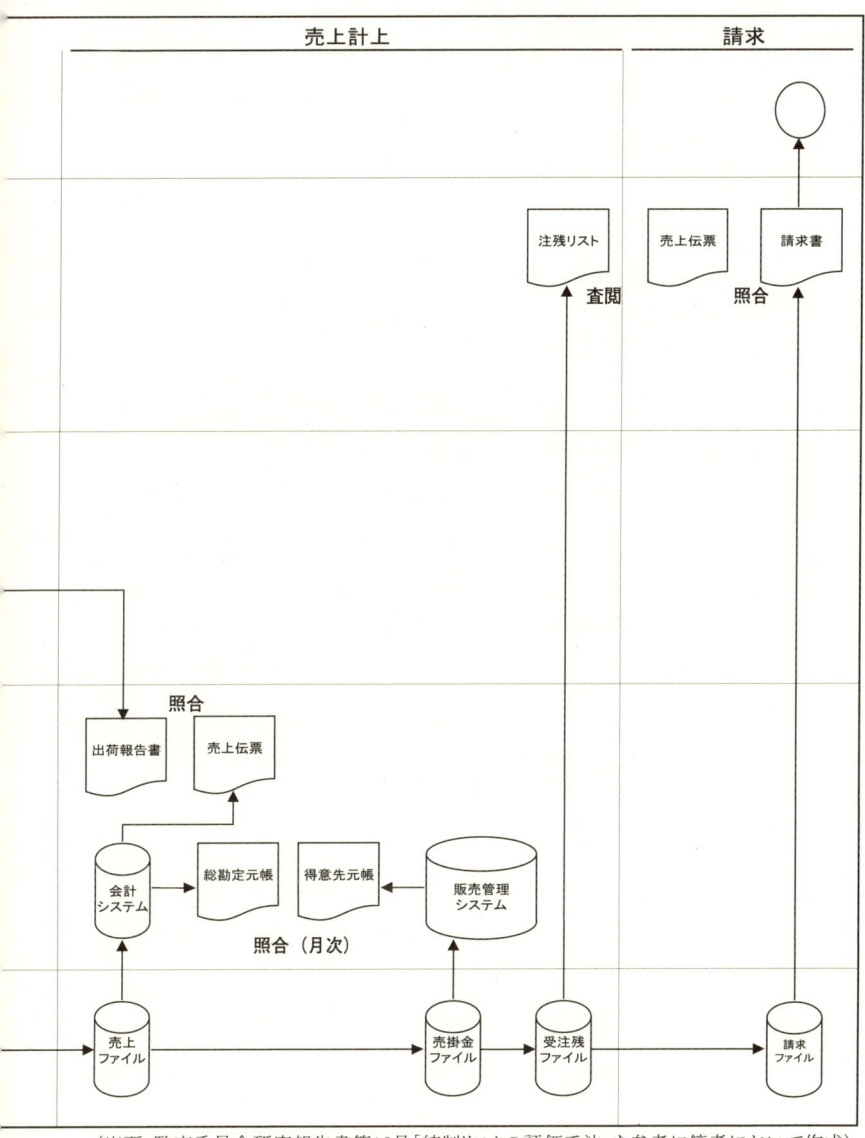

| 売上計上 | 請求 |

注残リスト　売上伝票　請求書
　査閲　　　　　　　　照合

照合
出荷報告書　売上伝票

会計システム → 総勘定元帳　得意先元帳 ← 販売管理システム
　　　　　　　　照合（月次）

売上ファイル　売掛金ファイル　受注残ファイル　請求ファイル

（出所：監査委員会研究報告書第16号「統制リスクの評価手法」を参考に筆者において作成）

(3) 出荷

①出荷担当者は、出荷責任者の承認を受けた後、直ちに出荷指図書に基づき、すべての商品・製品の出荷業務が行われる。出荷後、出荷担当者は、出荷報告書を出力し、(出荷報告書には、実際の出荷日が記録される。)照合する。

②商品・製品は送り状を添付して、得意先に発送され、出荷担当者は得意先からすべての物品受領書を入手している。物品受領書は、得意先ごとに日付順に秩序整然と整理、保管されている。

③出荷後、出荷担当者は端末の画面で出荷入力し、出荷報告書が出力される。

④出荷担当者は、出荷報告書と物品受領書を照合する。

⑤出荷指図書および出荷報告書は連番管理されており、欠番については、担当者による調査が行われ、定期的に出荷責任者による査閲が行われている。

⑥得意先から返品があったときは、返品された商品等の検品を実施し、返品理由を調査の上、送り状に基づき返品入庫伝票が起票され、販売責任者の承認を受けている。なお、返品理由の調査結果は、毎月、報告書としてまとめられ、その都度、販売責任者の査閲を受けている。

(4) 売上計上

①出荷入力された出荷データは日次のバッチ処理により、売上データへ変換される。売上データは会計システムへ転送され、翌日売上伝票が出力される。

②情報システム部門で出力された売上伝票は、経理部門に回付される。経理部門では、売上伝票と出荷の事実と照合した記録のある出荷報告書との照合が行われる。

③販売責任者は、定期的に受注データの消込みが適切に行われているかどうかをみるために注残リストを査閲している。

④毎月末、経理部門において得意先元帳（販売管理システムから出力）および総勘定元帳（会計システムから出力）が一致しているかチェックされている。
⑤承認を受けた返品入庫伝票については、販売担当者に回付され、返品処理のために受注メモ（赤伝）を入力する。返品された場合の引取単価については、販売管理規程に基づき決定されている。

(5) 請求
①情報システム部門で出力された請求書は販売担当者へ回付され、販売担当者は売上伝票と照合する。
②請求書控と送り状控の数量が照合されている。
③請求書（返品、値引、割戻し等に関するものも含む。）には、あらかじめ一連番号が付されており、請求書用紙の管理が適切に行われている。
④再請求に関する手続が確立されており、二重売上の計上が防止されている。

第4節　取引サイクルの監査の手続

1　統制目標

　内部統制の理解に基づき、主要な取引サイクルの内部統制に依拠して監査を実施することが効果的かつ効率的であると判断し、内部統制の整備・運用状況に係る統制評価手続を実施する場合、監査人は、監査要点に関連する統制活動に注目する。この段階では、統制活動の詳細な理解と分析が中心になるが、統制活動を監査要点に関連づけて理解する場合、それぞれの統制活動が何を目的として設定されているかという統制活動の目標を考慮することが有効である。

【図表 8-2】統制目標と監査要点

統制目標		会計記録の完全性	会計記録の正確性	会計記録の正当性	職務の分離と資産の保全
監査要点	実在性			○	○
	網羅性	○		○	○
	権利と義務の帰属			○	○
	評価の妥当性			○	
	期間配分の適切性		○	○	○
	表示の妥当性	○	○		

(出所:筆者作成)

統制活動により達成すべき目標を統制目標といい、以下のようなものがある。

①会計記録の完全性――すべての取引がもれなく一度だけ記録されること

②会計記録の正確性――すべての取引について、金額、数量、日付、相手先などが正確に記録されること

③会計記録の正当性――すべての取引が承認を得たものであり、架空のものではないこと

④職務の分離と資産の保全――職務を適切に分離し、財産および情報を保全すること

統制目標は、内部統制の3つの目的のために経営者によって構築・維持されるものであるため、企業の財務報告の信頼性の確保という観点で、経営者の主張およびそれから導き出される監査要点と関連している。その関係は【図表 8-2】のように要約できる。

2 販売取引サイクルの統制活動、統制目標と統制リスクの暫定的評価

上記の販売取引サイクルの業務に関する統制活動は、【図表 8-3】の

【図表8-3】販売サイクルの統制活動と監査目標・監査要点および運用評価手続

業務区分		統制目標 統制活動	監査要点 実在性	網羅性	権利と義務	評価の妥当性	期間配分	表示の妥当性	暫定的評価 中	低	運用評価手続
1 全般	当	①職務分掌規程及び職務権限規程に基づき、各担当者の職務は分離されている。	○	○						○	(1) 職務分掌が適切に行われていることを確かめるため、諸規程及び組織図を入手し、責任者に対して質問を行う。 (2) 販売条件に関するデータが適切に行われていることを確かめるため、以下の手続を実施する。 ・販売基本契約書を××件抽出し、得意先マスターとチェックする。
	当	②販売条件(販売品目、販売価格、回収条件等)について、販売基本契約が締結されている。									
	当	③得意先マスターには、販売品目、販売価格等の、与信限度額が設定され、販売責任者の承認を得ている。									・得意先マスターのアクセス管理について、質問を行う。更新された得意先マスターから××件選び、販売責任者の承認の有無を確認する。
	分	④権限を与えられた者以外は、得意先マスター、データファイル、プログラム及び関連記録にアクセスできない。									
	当	⑤得意先マスターの変更、更新の際は、販売責任者の承認を得ている。									承認の有無を確認する。
	当分	⑥与信管理、入金手続に関する諸規程が作成されている。									

第8章 内部統制の監査手続

業務区分	統制目標	統制活動	監査要点 実在性	監査要点 網羅性	監査要点 権利と義務	監査要点 評価の妥当性	監査要点 期間配分	監査要点 表示の妥当性	暫定的評価 中	暫定的評価 低	運用評価手続
	分当	⑦与信管理、売上、出荷、請求、入金及び会計業務を担当する者は各々独立している。									
	当	⑧各業務担当の手続は、適切な権限者の承認を得ている。									
	当分	⑨得意先に信用不安が生じた場合の対応手続が確立されている。									
2 受注	当	①受注入力は、得意先マスターに登録されている得意先からの注文についてのみ入力することができる。	○		○				○		(3) 架空の得意先コードで入力できるかどうか確認する。
	完	②受注に関する記録及び書類が整備されている。作成又は入手する書類・受注メモ又は注文書・注文請書	○	○						○	(4) 受注台帳から×× 件抽出し、書類の整備状況を確認する。
	当	③注文書及び出荷指図書が出力され、販売責任者によって承認を受けている。	○	○						○	(5) (4) で選んだ項目について、出荷指図書上の承認印の有無を確認する。
3 出荷	確当	①出荷責任者の承認後、直ちに、すべての商品・製品の出荷が行われ、出荷報告書と照合している。	○				○			○	(6) (4) で選んだ項目について、出荷指図書の日付と出荷報告書の日付を確認する。 (7) すべての商品・製品が直ちに出荷されていることを出荷担当者に質問するとともに出荷現場を観察し確認する。

第8章 内部統制の監査手続　97

区分	区分2	内容					監査手続
	完当	②商品・製品等の出荷に当たって、得意先(納品先)からすべての物品受領書を入手し、出荷報告書と照合している。	○				(8) (4)で選んだ項目につき、物品受領書との照合印の有無を確認する。
	完	③出荷指図書及び出荷報告書は、連番管理されており、欠番についてはその原因の調査が行われ、定期的に出荷責任者による査閲が行われている。	○	○	○		(9) 1か月を選び、出荷指図書及び出荷報告書の連番管理が適切に行われていることを確認する。 (10) 1か月を選び、欠番について出荷責任者が査閲していることを確認するとともに、その調査内容が適切であることを確認する。
4 売上計上	完確	①経理部門では、売上伝票と出荷の事実と照合した記録のある出荷報告書との照合が行われる。	○	○	○		(11) (4)で選んだ項目につき、売上伝票と出荷報告書との照合印があることを確認する。
	完確	②販売責任者は、定期的に受注データの消込みが適切に行われているかどうかをみるために、注残リストを査閲している。	○	○	○		(12) 1か月を選び、販売責任者が注残リストを査閲していることを確認する。
	完確	③毎月末、得意先元帳(販売管理システムからの出力)及び総勘定元帳(会計システムからの出力)が一致しているかチェックされている。	○	○	○		(13) 特定の月を選び、得意先元帳及び総勘定元帳との照合印の有無を確認する。
5 請求	完	①請求書の記載内容(品名、数量、単価、回収条件等)について、販売担当者によって、売上伝票と照合され、請求金額の計算チェックが行われている。	○	○	○		(14) (4)で選んだ項目につき、請求書上の承認印及び照合印の有無を確認する。
6 回収	完当	①返品、値引、割戻し、販売手数料、相殺等による売掛金の減額処理については、適切な権限限者の承認を受けて処理されている。	○				(15) 質問及び関連証票等との照合を行う。

業務区分	統制目標 統制活動	監査要点 実在性	網羅性	権利と義務	評価の妥当性	期間配分の妥当性	表示の妥当性	暫定的評価 中	低	運用評価手続
	②入金データは、適正な会計期間内に網羅的かつ正確に処理される仕組みが構築されている。具体的には、									(16) 各担当者に質問するとともに、関係帳票を査閲する。(17) 取引を××件抽出し、実際に左記のとおり処理されているかを確かめる。
完	・得意先には領収書が交付され、入金額が正確であることを確認してもらった(支払証明印をもらう)上で、営業担当者が控えを持ち帰る。	○						○		
完網	・営業担当者は集金物(現金、小切手、手形)に基づき適時に回収入力を行い、経理担当者が現物と領収書控を照合後、確定入力する。	○	○			○		○		
完確	・経理担当者は、定期的に当座勘定照合表で(売掛金振込専用)銀行口座の入出金内容を帳簿記録と照合している。	○	○			○		○		
完確当	・営業担当部署では、毎月末、得意先に対して売掛金等の残高確認を実施し、回答結果をフォローしている。その結果は経理担当部署で査閲している。	○	○			○		○		

第8章　内部統制の監査手続　99

			完	確	当	分	
7 債権管理		③会社の設定した回収手続を意図したとおりに実施されていることを監視している。具体的には、					(18) 責任者に監視状況を質問するとともに、責任者の監視証跡の有無に留意しながら関連帳票を査閲する。
	完 確 当	・営業責任者は、営業担当者の実施手続に関して以下の事項を監視している。ア．領収書の使用状況イ．回収入力処理の適切性ウ．売掛金の回収状況エ．残高確認状況	○	○	○		
	完 確 当	・経理責任者は、経理担当者の実施手続に関して以下の事項を監視している。ア．回収入力権限定の適切性イ．現金等価物の管理状況ウ．銀行勘定の移動内容の処理状況エ．残高確認状況	○	○	○		
	当 完	①予定日までに回収入力されなかったものについては、未回収リスト（担当者別）が出力され、そのフォロー状況は、毎月、責任者に報告されている。	○	○	○		(19) 責任者にフォロー状況を質問するとともに、未回収リストを査閲して、フォローがなされていることを確かめる。
	分 完 確	②得意先に対して定期的に記帳担当者以外の者により残高確認が実施されている。	○	○	○	○	(20) 残高確認の実施状況を査閲する。
	当 完	③債権残高の年齢調べが定期的に行われ、適切な権限者の検閲を受けている。	○	○	○		(21) 年齢調べ及び責任者の検閲の状況を査閲する。

注　統制目標は、次のように省略して記載している。　完：完全性、確：正確性、当：正当性、分：分離と保全

（出所：監査委員会研究報告第16号「統制リスクの評価手法」を参考に筆者において作成）

ようなものが考えられる。図表では、全般的事項を含め受注から債権管理までの業務の流れに対応した統制活動が示されている。内部統制の理解に基づき、販売取引サイクルの内部統制に依拠して監査を実施する場合、各統制活動を監査要点に関連させて理解し、統制リスクの暫定的評価を行わなければならない。

　各統制活動には統制目標があげられている。ここで示した各統制活動と統制目標の対応は絶対ではないが、この統制目標を勘案して監査要点との関連づけを行う。このように、取引サイクルの一連の業務プロセスに対応させて、統制活動の一覧表を作成することにより、企業レベルの内部統制の理解を固有リスクおよび監査要点と関連づけ、統制リスクの暫定的評価へと展開することができる。

　図表からもわかるように、統制活動は統制目標に複数対応している。また、特定の監査要点に関連する統制活動も複数存在し、その関連性も一様ではない。統制リスクの暫定的評価は、監査要点に関連する統制活動について、次の事項を考慮して行われる。

①防止的統制活動か、または発見的統制活動か
②ITを利用した統制活動か、または人手による統制活動か
③監査要点に対して単独で機能するか、または他の統制活動と集合して機能するか
④特定の監査要点に対して直接的に対応しているか、間接的に対応しているか

　図表には、各統制活動の統制リスクの暫定的評価（中または低）が記載されている。統制リスクの暫定的評価は、内部統制責任者への質問、組織図、諸規定または関連文書の閲覧または観察などの監査技術を適用して行われる暫定的なものである。したがって、実証手続に係る実施すべき監査手続、実施の時期および範囲を決定するためには、統制リスクの暫定的評価を確かめる手続（運用評価手続）が必要となる。この手続を、整備と運用に区分して説明する。

3 内部統制の整備状況の手続(内部統制の理解)

　内部統制の整備状況に係る統制評価手続は、統制活動のデザインの有効性および業務への適用に関する評価である。統制活動のデザインの有効性および業務への適用に関する評価には、通常、監査要点に関連する統制活動の理解において実施する手続と同一の手続が適用される。

4 内部統制の運用状況の手続(運用評価手続)

　内部統制に依拠した監査を実施する場合には、暫定的評価をした統制活動が監査対象期間を通じて継続的に有効に運用されているかどうかを確かめなければならない。この監査手続が、内部統制の運用状況に係る統制評価手続である。

　監査人は、内部統制の運用状況に係る統制評価手続の実施に際して、特定の監査要点に関連する統制活動が複数存在している場合には、どの内部統制が最も効果的であるかを検討して、統制評価手続の対象とする内部統制を特定する。たとえば、売掛金の実在性に関連する統制活動として、「経理部門では、売上伝票と出荷の事実と照合した記録のある出荷報告書との照合が行われる。」という統制活動と、「営業担当部署では、毎月末、得意先に対して売掛金等の残高確認を実施し、回答結果をフォローしている。その結果は経理担当部署で査閲している。」という統制活動がある場合、売掛金の実在性に関連する統制評価手続としては、いずれか、効果的と判断した統制評価手続のみを採用する。

　一方、複数の監査要点に共通して、同時に統制活動の有効性を検証できる場合もある。たとえば、「経理部門では、売上伝票と出荷の事実と照合した記録のある出荷報告書との照合が行われる。」という統制活動を、売掛金の網羅性に関する検証の対象として選択することにより、売上の網羅性についても同時に検証することが可能となる。したがって、統制評価手続を実施する統制活動は、できるだけ多くの監査要点に共通して検証が可能なものを選択することが、効率性の観点から望ましい。

内部統制の運用状況の検討手続である運用評価手続は、通常、関連する部門責任者や担当者等への質問、統制活動の運用の証跡を示す関連文書の閲覧、観察および再実施等の監査技術を組み合わせて実施される。設例には、統制リスクの暫定的評価を基礎としたテスト計画が示されている。

　監査人は、運用評価手続を実施した結果、販売取引サイクルに関連する内部統制が、監査対象期間にわたって継続的に運用されていることを裏付ける十分かつ適切な監査証拠を入手したと判断した場合、統制リスクの暫定的評価の程度を統制リスクの評価に関する結論とし、十分かつ適切な監査証拠を入手できなかったと判断した場合、その入手した監査証拠を勘案して、統制リスクの暫定的評価の程度を中位または高いに改訂する。

第5節　取引サイクルに関連する財務諸表項目の監査

　販売取引サイクルに関連する売上および売掛金の監査は、期末監査における実証手続として行われる。それに先立ち、運用評価手続における販売取引サイクルに関する重要な虚偽表示のリスクの評価結果を考慮して、実施すべき監査手続、その実施の時期および範囲が決定される。実証手続は、財務諸表項目レベルの重要な虚偽の表示を看過しないために実施され、取引、勘定残高、開示等に対する詳細テストと分析的実証手続からなる。

　監査人は、重要な虚偽表示のリスクの評価に応じた実証手続を立案し実施するが、入手した監査証拠に基づいて、「財務諸表項目レベルの重要な虚偽表示のリスク」に関する評価が適切であるかどうかを判断する。たとえば、監査人が、実証手続によって虚偽の表示を発見した場合、リスク評価に係る判断を変更することもあれば、内部統制に係る重大な欠陥を発見することもある。財務諸表監査は、累積的かつ反復的なプロセ

スであり、監査人は、監査の完了まで継続して、入手した監査証拠により、内部統制の評価を含むリスク評価を修正し、立案した監査手続を変更する。

　ここでは、内部統制に関するリスク評価の見直しに関連して、売掛金に関する実証手続を例示する。
　①売掛金に関する前期の監査調書を査閲し、前期以前の監査で認識された内部統制上および会計処理上の問題点を把握する。
　②前期の監査調書の査閲または経理規程・マニュアル等の閲覧により、売掛金に関して会社が採用する会計方針を把握する。
　③売掛金および関連損益の計上に関する会計方針や会計上の見積方法が、所定の基準に準拠し継続して適用されているか否かを質問する。変更があった場合には、正当な理由があることを確かめる。
　④会計方針に影響を及ぼす会計事実の変化の有無や、法令・税制等の改正による影響の有無について質問する。
　⑤監査計画において決定された監査要点ごとに、実施すべき監査手続、その実施の時期および範囲について理解するとともに、監査計画立案時以降における状況の変化に対応して、監査計画を変更する必要性の有無を検討する。
　⑥総勘定元帳等の前期末残高と当期首残高とを突合し、繰越記帳の妥当性を確かめる。
　⑦売掛金残高明細表を入手し、合計調べの上、得意先元帳、総勘定元帳および試算表と突合する。重要な調整項目がある場合には内容を検討し、関連資料と突合する。
　⑧販売部門別、得意先別等の残高について、残高および回転率の年次比較、予算比較等の分析的手続を実施し、著しい増減の有無およびその理由が、会社の経営環境等に照らして合理的であることを確かめる。
　⑨確認手続に従い、売掛金残高の確認を行う。
　⑩確認による回答額と会社残高とが異なるときは、差異調整表を入手

し、注文書、出荷書類、請求書控、入金票等の関連証憑と突合することにより、その差異原因の妥当性を確かめる。また、未回答の残高に対しても同様な手続を実施し、その妥当性を確かめる。

⑪残高確認を期末日前に実施している場合には、確認基準日から期末日までの取引（売掛金の計上および回収等）を総括的に検証する（ロール・フォワード手続）。

⑫決算整理に係る資料を閲覧し、売掛金関連項目の処理の妥当性・継続性を確かめる。

⑬主たる期末残高について期末日後の回収状況を検討し、未回収となっている理由を確かめる。

⑭得意先元帳の通査等により、期末日前後の異常な売上、返品等の有無を調査し、その処理の妥当性を確かめる。

⑮売掛金年齢調表を査閲すること等により、貸倒懸念債権、破産更生債権等、劣後債権等の有無を把握するとともに、これらの債権について回収可能性を検討する。

⑯貸倒引当金残高明細表または増減明細表を入手し、期末残高（流動および固定の区分）および引当金繰入額等の損益項目を総勘定元帳と突合する。

⑰貸倒懸念債権等の回収可能性の検討に基づき、貸倒引当金計上額の妥当性を確かめる。

⑱売掛金残高明細表を査閲し、貸方残高の有無を確かめるとともに、その原因に異常がないことを検討する。

⑲外貨建残高がある場合は、円換算額が「外貨建取引等会計処理基準」に準拠して適切に計上されていることを確かめる。

⑳担保に供されている売掛金、債権譲渡されている売掛金等の有無を確かめるとともに、借入金等との対応関係、会計処理および開示の妥当性を確かめる。

㉑関係会社売掛金、破産更生債権、担保提供売掛金等の残高について、財務諸表における表示の妥当性を確かめる。

㉒監査手続の実施結果、検出事項およびそれに対する所見等を要約する。

第6節　内部統制報告監査制度

1　制度の制定

　2006（平成18）年6月に成立した金融商品取引法は、上場企業等を対象に、財務報告に係る内部統制の経営者による評価と公認会計士または監査法人による監査を義務づけ、この制度は2008（平成20）年4月1日以後開始する事業年度から実施されている。したがって、2009（平成21）年6月末に提出される有価証券報告書提出会社から提出の対象となっている。
　金融商品取引法は、第24条の4の4に、「有価証券報告書を提出しなければならない会社のうち、金融商品取引所に上場されている有価証券の発行者である会社等は、内閣府令で定めるところにより、事業年度ごとに、当該会社の属する企業集団及び当該会社に係る財務計算に関する書類その他の情報の適正性を確保するために必要なものとして内閣府令で定める体制について、内閣府令で定めるところにより評価した報告書（以下、「内部統制報告書」と省略する。）を有価証券報告書と併せて内閣総理大臣に提出しなければならない」と定めている。[2]

2　内部統制報告書

　経営者は、内部統制を整備及び運用する役割と責任を有しており、特に、財務報告に係る内部統制については、一般に公正妥当と認められる内部統制の評価の基準に準拠して、その有効性を自ら評価しその結果を外部に向けて報告することが求められる。
　内部統制報告書の記載事項は、「財務計算に関する書類その他の情報

の適正性を確保するための体制に関する内閣府令」(以下、「内部統制府令」と省略する。)に定められており、その内容は第一号様式の該当箇所の記載上の注意により、主として以下のものとなっている。

①財務報告に係る内部統制の基本的枠組みに関する事項
 ア 代表者及び最高財務責任者が、財務報告に係る内部統制の整備及び運用の責任を有している旨
 イ 財務報告に係る内部統制を整備及び運用する際に準拠した基準の名称
 ウ 財務報告に係る内部統制により財務報告の虚偽の記載を完全には防止又は発見することができない可能性がある旨

②評価の範囲、基準日及び評価手続に関する事項
 ア 財務報告に係る内部統制の評価が行われた基準日
 イ 財務報告に係る内部統制の評価に当たり、一般に公正妥当と認められる財務報告に係る内部統制の評価の基準に準拠した旨
 ウ 財務報告に係る内部統制の評価手続の概要
 エ 財務報告に係る内部統制の評価の範囲

財務報告に係る内部統制の評価範囲及び当該評価範囲を決定した手順、方法等を簡潔に記載する。

③評価結果に関する事項

財務報告に係る内部統制の評価結果は、次に掲げる区分に応じ記載するものとする。
 ア 財務報告に係る内部統制は有効である旨
 イ 評価手続の一部が実施できなかったが、財務報告に係る内部統制は有効である旨並びに実施できなかった評価手続及びその理由
 ウ 重要な欠陥があり、財務報告に係る内部統制は有効でない旨並びにその重要な欠陥の内容及びそれが期末日までに是正されなかった理由
 エ 重要な評価手続が実施できなかったため、財務報告に係る内

部統制の評価結果を表明できない旨並びに実施できなかった評価手続及びその理由

この内部統制の報告および監査に関する内部統制の考え方や実際の実施基準に関しては、企業会計審議会が2007(平成19)年2月に公表した「財務報告に係る内部統制の評価及び監査の基準」に基づいている。

3 内部統制監査

内部統制監査の目的は、経営者の作成した内部統制報告書が、一般に更正妥当と認められる内部統制の評価の基準に準拠して、内部統制の有効性の評価結果を全ての重要な点において適正に表示しているかどうかについて、監査人自らが入手した監査証拠に基づいて判断した結果を意見として表明することにある。

内部統制監査は、主題である企業の財務報告に係る内部統制の有効性を、当該主題に責任を負う者としての経営者が、一定の規準としての一般に更正妥当と認められる内部統制の評価の基準に従って評価し、その結果を表明する情報としての内部統制報告書を想定利用者たる投資家等に提示することを前提として成立する。これを受けて、業務実施者である監査人が、提示された内部統制報告書について、それらに対する想定利用者たる投資家等の信頼の程度を高めるために、自らが入手した監査証拠に基づき一般に更正妥当と認められる内部統制の評価の基準に照らして判断した結果を結論として報告する業務である。

金融商品取引法は、第193条の2第2項において、「金融商品取引所に上場されている有価証券の発行会社その他の者で政令で定めるものが、第24条の4の4の規定に基づき提出する内部統制報告書には、その者と特別の利害関係のない公認会計士又は監査法人の監査証明を受けなければならない。」としている。

内部統制監査報告書の記載事項は、「財務計算に関する書類その他の情報の適正性を確保するための体制に関する内閣府令」の第6条に定められており、その意見に関わる主なものは、以下のとおりである。

内部統制監査報告書には、次の各号に掲げる事項を簡潔明瞭に記載し、かつ、公認会計士又は監査法人の代表者が作成の年月日を付して自署し、かつ、自己の印を押さなければならない。この場合において、当該内部統制監査報告書が監査法人の作成するものであるときは、当該監査法人の代表者のほか、当該監査証明に係る業務を執行した社員（以下「業務執行社員」と省略する。）が、自署し、かつ、自己の印を押さなければならない。

①内部統制監査の対象
　　ア　内部統制監査の対象となった内部統制報告書の範囲
　　イ　財務報告に係る内部統制の整備及び運用並びに内部統制報告書の作成責任は経営者にあること
　　ウ　内部統制監査を実施した公認会計士又は監査法人の責任は独立の立場から内部統制報告書に意見を表明することにあること
　　エ　財務報告に係る内部統制により財務報告の虚偽の記載を完全には防止又は発見することができない可能性があること

②実施した内部統制監査の概要
　　ア　内部統制監査が一般に公正妥当と認められる財務報告に係る内部統制の監査の基準に準拠して行われた旨
　　イ　財務報告に係る内部統制の監査の基準は、内部統制監査を実施した公認会計士又は監査法人に内部統制報告書に重要な虚偽の表示がないかどうかの合理的な保証を得ることを求めていること
　　ウ　内部統制監査において実施した監査手続の概要
　　エ　内部統制監査の結果として意見表明のための合理的な基礎を得たこと

③内部統制報告書が、一般に公正妥当と認められる財務報告に係る内部統制の評価の基準に準拠して、財務報告に係る内部統制の評価結果について、すべての重要な点において適正に表示しているかどうかについての意見

ア　無限定適正意見　内部統制監査の対象となった内部統制報告書が、一般に公正妥当と認められる財務報告に係る内部統制の評価の基準に準拠して、財務報告に係る内部統制の評価について、すべての重要な点において適正に表示していると認められる旨

イ　除外事項を付した限定付適正意見　内部統制監査の対象となった内部統制報告書が、除外事項を除き一般に公正妥当と認められる財務報告に係る内部統制の評価の基準に準拠して、財務報告に係る内部統制の評価について、すべての重要な点において適正に表示していると認められる旨並びに除外事項及び当該除外事項が財務諸表監査に及ぼす影響

ウ　不適正意見　内部統制監査の対象となった内部統制報告書が、不適正である旨及びその理由並びに財務諸表監査に及ぼす影響

〔注〕

1)　監査委員会研究報告第16号「統制リスクの評価手法」を参考に筆者において作成したものである。
2)　権限委任により、関東財務局長、各地財務（支）局長もしくは沖縄総合事務局長に提出することになっている（金融商品取引法第194条の7）。

第9章

不正および違法行為の監査

第1節　財務諸表の監査における不正への対応

1　財務諸表の監査における不正

　監査人は、不正 (fraud) および誤謬 (error) により財務諸表に重要な虚偽の表示がもたらされる可能性を評価し、その評価結果に基づき、不正および誤謬による財務諸表の重要な虚偽の表示を看過しないように監査計画を策定し、監査を実施しなければならない。違法行為が発見されると、それが不正または誤謬による重要な虚偽の表示を招くこともあり、違法行為と不正および誤謬は密接な関連がある。本章では、監査基準委員会報告書第35号「財務諸表の監査における不正への対応」および第11号「違法行為」を拠り所として、これらに対する監査手続を検討する。

(1)　不正および誤謬の意義

　不正と誤謬は、財務諸表の虚偽の表示の原因となる行為が、意図的で

あるか意図的でないかで区別する。

誤謬とは、財務諸表の虚偽の表示の原因となる意図的でない誤りであって、次のようなものをいう。

①財務諸表の基礎となるデータの収集または処理上の誤り
②事実の見落としまたは誤解から生ずる会計上の見積りの誤り
③認識、測定、分類、表示または開示に関する会計基準の適用の誤り

不正とは、財務諸表の意図的な虚偽の表示であって、不当または違法な利益を得るために他者を欺く行為を含み、経営者、取締役等、監査役等、従業員または第三者による意図的な行為をいう。経営者や取締役等が関与する不正を経営者不正、企業の従業員だけが関与する不正を従業員不正といい、いずれも企業内部または第三者との共謀の可能性がある。監査人は、重要な虚偽の表示の原因となる不正について検討し、不正が実際に発生したかどうかについての法的判断は行わない。

(2) 不正の分類

不正には、不正な財務報告（いわゆる粉飾）と資産の流用がある。不正な財務報告とは、計上すべき金額を計上しないことまたは必要な開示を行わないことを含む、財務諸表の利用者を欺くために財務諸表に意図的な虚偽の表示を行うことであり、経営者による内部統制の無視を伴うことが多い。これは、次の方法により行われる場合がある。

①財務諸表の基礎となる会計記録または証憑書類の改ざん、偽造または変造
②取引、事象または重要な情報の財務諸表における不実表示や意図的な除外
③金額、分類、表示または開示に関する意図的な会計基準の不適切な適用

資産の流用は、受取金の着服、物的資産の窃盗または知的財産の窃用（漏洩）、提供を受けていない財貨・サービスに対する支払、資産の私的利用など種々の方法により行われるが、資産の紛失や正当な承認のない

担保提供といった事実を隠蔽するために記録または証憑書類の偽造を伴うことが多い。

資産の流用は、従業員により行われ比較的少額であることが多いが、資産の流用を偽装し隠蔽することを比較的容易に実施できる立場にある経営者が関与することもある。

内部統制は、不正または誤謬による虚偽の表示の可能性を軽減する最も有効な手段であるが、すべての不正および誤謬の発生を防止または発見できるものではないことに留意する必要がある。

2 不正に対する責任

(1) 経営者、取締役会および監査役等の責任

経営者は、取締役会および監査役等による監視のもとで、可能な限り事業を整然かつ効率的に実施することを確保するという目的を達成するために、統制環境を構築し方針と手続を維持することについての責任を有している。

取締役会および監査役等は、経営者の監視を通じて、財務報告の信頼性、事業経営の有効性と効率性および事業経営に関わる法令遵守について合理的な保証を提供する内部統制が構築され維持されていることを確保する責任を有する。

(2) 不正による重要な虚偽の表示を発見する監査人の責任

財務諸表の監査の目的は、経営者の作成した財務諸表が、一般に公正妥当と認められる企業会計の基準に準拠して、企業の財政状態、経営成績およびキャッシュ・フローの状況をすべての重要な点において適正に表示しているかどうかについて、監査人が自ら入手した監査証拠に基づいて判断した結果を意見として表明することにある。財務諸表の表示が適正である旨の監査人の意見は、財務諸表には全体として重要な虚偽の表示がないことについて、合理的な保証を得たとの監査人の判断を含んでいる。このため、監査人は、不正によるか誤謬によるかを問わず、全

体としての財務諸表に重要な虚偽の表示がないことについて合理的な保証を得なければならない。

(3) 不正に関する監査の固有の限界

　財務諸表の作成には経営者による見積りや判断が多く含まれていること、監査が原則として試査により実施されること、内部統制には固有の限界があること、また、監査人が入手する監査証拠の多くは絶対的なものではなく心証的なものであることから、監査人が、たとえ適切に監査計画を策定して適切に監査を実施したとしても、不正および誤謬によるすべての重要な虚偽の表示を発見できないことがあるという限界がある。

　不正は、それを隠蔽するために巧妙かつ念入りに仕組まれたスキームを伴うことや共謀を伴うことがあり、発見できないリスクは誤謬よりも高い。また、会計上の見積りのような経営者の判断を要する領域においては、発見した虚偽の表示を不正によるものか誤謬によるものか判断することは困難である。経営者は、不正を防止するためにデザインされた統制手続を無視することができ、その立場と権限を利用して従業員に不正の実行や協力を指示することができる。したがって、経営者不正による重要な虚偽の表示を発見できない監査人のリスクは、従業員不正による場合のリスクよりも高い。

　不正による重要な虚偽の表示が事後的に発見された場合でも、そのこと自体が、監査が適切に実施されなかったことを示すものではない。監査が適切に実施されたかどうかは、その状況において実施された監査手続、その結果得られた監査証拠の十分性と適切性、およびその監査証拠の評価に基づいた監査報告書の妥当性によって判断される。

3　職業的懐疑心と監査チーム内の討議

(1) 職業的懐疑心

　監査人は、職業的懐疑心を保持し、財務諸表に重要な虚偽の表示を生

じさせる状況が存在する可能性があることを認識して、監査計画を策定し監査を実施する。不正のもつ特性から、不正による重要な虚偽表示のリスクを検討する場合には、監査人の職業的懐疑心は特に重要である。

監査人は、経営者、取締役等および監査役等の信頼性および誠実性に関する監査人の過去の経験にかかわらず、不正による重要な虚偽の表示が行われる可能性を認識し、監査の全過程を通じて、職業的懐疑心を保持しなければならない。

監査人は、監査証拠による反証がない限り、通常、記録や証憑書類を真正なものとして受け入れることができ、記録や証憑書類の鑑定を期待されてはいない。しかし、監査の過程で把握した状況により、記録や証憑書類に疑義を有する場合には、追加的な手続を検討するなど更に調査を実施する。

(2) 監査チーム内の討議

監査チームは、財務諸表に不正による重要な虚偽の表示が行われる可能性があるかどうかについて討議しなければならない。監査人は、職業的専門家としての判断や企業における過去の経験および現状認識に基づいて、討議に参加するメンバーを決定し、討議に参加しないメンバーへの伝達事項を検討する。この討議により、財務諸表のどこにどのように不正による重要な虚偽の表示が行われる可能性があるのかについての知識を共有することが可能となる。

監査チームのメンバーは、経営者、取締役等および監査役等が信頼でき誠実であるという考えをもたずに、不正による重要な虚偽の表示が行われる可能性がある事象および状況ならびに経営者等の活動および姿勢、職業的懐疑心の強調、不正の兆候を示す状況、不正の可能性に対する監査手続とその有効性、不正の申立てなどについて、疑問をもちながら討議を行う。

4 リスク評価手続

　監査人は、「内部統制を含む企業および企業環境」を理解するために、リスク評価手続を実施する必要がある。なお、取締役会および監査役等が行う経営者の監視について理解するために実施する質問は、主に監査役等を対象とする。

　監査人は、リスク評価手続の一環として、不正による重要な虚偽表示のリスクの識別のための情報を入手するために、次の手続を実施する。

①経営者や監査役等（必要な場合、その他の企業構成員を含む。）に質問を行い、不正のリスクの識別と対応について経営者が構築した一連の管理プロセスに対する監視、および不正のリスクを低減するために経営者が構築した内部統制に対する監視を、取締役会および監査役等がどのように実施しているかを理解する。

②不正リスク要因が存在しているかどうか検討する。

③分析的手続の実施において識別した通例でないまたは予期せぬ関係を検討する。

④不正による重要な虚偽表示のリスクの識別に役立つその他の情報を検討する。

(1) 質問、ならびに取締役会および監査役等が実施した監視についての理解

　監査人は、「内部統制を含む企業および企業環境」を理解する際には、次の事項について経営者に質問しなければならない。

①財務諸表に不正による重要な虚偽の表示が行われる可能性があるというリスクに係る経営者の評価

②不正のリスクが存在する可能性がある勘定残高、取引または開示等の特定を含む、不正のリスクの識別と対応について経営者が構築した一連の管理プロセス（内部または外部からの不正の申立てに対応するプロセスを含む）

③上記②の管理プロセスに関して経営者と監査役等の協議が行われて

いる場合には、その内容
④経営者の企業経営に対する考え方や倫理的な行動についての見解を従業員に伝達している場合には、その内容
⑤不正のリスクに関する経営者による評価、および不正を防止し発見するために構築した内部統制に関する経営者による評価

　監査人は、経営者および内部監査部門にその企業に影響する不正、不正の疑いまたは不正の申立てを把握しているかどうか質問しなければならない。

　経営者に対する質問は、従業員不正による重要な虚偽表示のリスクに関しての有益な情報を入手することができるが、経営者不正による重要な虚偽表示のリスクに関しての有益な情報を入手することができる可能性は低い。そのため、監査人は、職業的専門家としての判断により、質問の対象者とする企業構成員と質問の範囲を決定し、内部監査担当者やその他の企業構成員に対する質問により、異なった視点や情報を入手できる場合がある。

　監査人は、内部監査部門を有する企業については、次の事項について内部監査担当者に質問を行う。
①監査対象期間において、内部監査担当者が不正を発見する手続を実施したかどうか。
②内部監査担当者が発見した事項に対し、経営者が十分に対応したかどうか。
③内部監査担当者が不正、不正の疑いまたは不正の申立てを把握しているかどうか。

　監査人は、議事録の閲覧または監査役等への質問によって、取締役会および監査役等が、不正のリスクの識別と対応について経営者が構築した一連の管理プロセス、および不正のリスクを低減するために経営者が構築した内部統制に対する監視をどのように実施しているかを理解しなければならない。

　監査人は、経営者に対する質問への回答を確かめるために、監査役等

に質問することを検討する。これらの質問に対する回答が首尾一貫していない場合には、監査人は、それを解明するために追加的な監査証拠を入手する。監査人は、監査役等への質問により、不正による重要な虚偽表示のリスクを識別する場合がある。

(2) 不正リスク要因の検討（Evaluation of Fraud Risk Factors）

不正は、通常、隠蔽されるためその発見は非常に困難であるが、監査人は、「内部統制を含む企業および企業環境」を理解する際に、不正に関与しようとする動機やプレッシャーの存在を示したり、または不正を実行する機会を与えたりする事象や状況の存在を識別する場合がある。このような事象や状況を、「不正リスク要因（Fraud risk factors）」という。

監査人は、「内部統制を含む企業および企業環境」を理解する際に、入手した情報が不正リスク要因の存在を示しているかどうか検討しなければならない。不正リスク要因の存在は、必ずしも不正が行われていることを示すわけではないが、不正が発生した状況においては、不正リスク要因が存在していることが多い。したがって、不正リスク要因の存在は、重要な虚偽表示のリスクに関する監査人の評価に影響する。

(3) 通例でないまたは予期せぬ関係の検討
（Unusual or Unexpected Relationships Identified）

監査人は、「内部統制を含む企業および企業環境」を理解するために分析的手続を実施する場合には、不正による重要な虚偽表示のリスクを示す可能性がある、通例でないまたは予期せぬ関係を検討しなければならない。

(4) その他の情報の検討（Consideration of Other Information）

監査人は、「内部統制を含む企業および企業環境」を理解する場合には、監査チーム内の討議、監査契約の新規の締結および更新に関する手

続、四半期レビュー等その他の業務において入手した情報など、その他の情報が不正による重要な虚偽表示のリスクを示しているかどうか検討しなければならない。

(5) 不正による重要な虚偽表示のリスクの識別と評価

監査人は、財務諸表全体レベルおよび財務諸表項目レベルの重要な虚偽表示のリスクを識別し評価する際に、不正による重要な虚偽表示のリスクを識別し評価しなければならない。不正による重要な虚偽表示のリスクであると評価したリスクは、「特別な検討を必要とするリスク」である。したがって、監査人は、そのリスクに関連する内部統制（関連する統制活動を含む）のデザインを評価し、それらが業務に適用されているかどうかを判断しなければならない。

監査人は、不正による重要な虚偽表示のリスクを評価するため、次の事項を職業的専門家としての判断に基づいて実施する。

① リスク評価手続の実施によって入手した情報の検討、および取引、勘定残高、開示等の検討により、不正のリスクを識別する。
② 識別した不正のリスクが経営者の主張ごとにどのような虚偽の表示になり得るかを検討する。
③ 識別した不正のリスクが財務諸表に与える影響の程度（複数の虚偽の表示につながる可能性等を含む）およびその発生可能性を検討する。

(6) 収益認識における不正のリスク

不正な財務報告による重要な虚偽の表示は、多くの場合、収益の過大計上（たとえば、収益の先行認識または架空計上）に起因するか、または収益の過少計上（たとえば、収益の次年度以降への不適切な繰延べ）に起因する。したがって、通常、監査人は、収益認識には不正のリスクがあると推定し、どのような種類の収益や取引形態または経営者の主張に関連して、不正のリスクが発生するかを考慮する。収益認識に関係す

る不正による重要な虚偽表示のリスクであると評価したリスクは、「特別な検討を必要とするリスク」である。

　監査人は、特定の状況下で、収益認識を不正による重要な虚偽表示のリスクとして識別しない場合には、その判断根拠を監査調書に記録する。

　このように、収益認識に不正のリスクを推定すると、すべての監査対象会社の主たる事業について不正のリスクを識別することになり、かつ、それを「特別な検討を必要とするリスク」と扱うことになる。リスク評価に関連するこのような指導的な取扱いは、リスク・アプローチの思考に離背する扱いともいえる。定められた(決して多くはない)手続によって財務諸表全体に対する意見を及ぼそうとする監査業務が、リスク・アプローチという理論的枠組みを持ちながらも、特定の事項について、リスク評価にかかわらず一定の手続を要求したり、重点的な手続を例示したりすることは、なおも発生する不正な財務報告に対抗する、現代の監査実務が直面している社会からの大きな期待を反映するものと考えられる。

5　不正による重要な虚偽表示のリスクへの対応

　監査人は、評価した財務諸表全体レベルの不正による重要な虚偽表示のリスクに応じて、全般的な対応を決定し、評価した財務諸表項目レベルの不正による重要な虚偽表示のリスクに応じて、リスク対応手続を立案し実施しなければならない。

　監査人は、次の方法で不正による重要な虚偽表示のリスクに対応する。
①全般的な対応－職業的懐疑心を高めるとともに、特定の手続以外の一般的な検討を含む対応
②リスク対応手続－実施する監査手続、その実施の時期および範囲の検討を含む、識別した財務諸表項目レベルの不正による重要な虚偽表示のリスクへの対応
③経営者による内部統制の無視のリスクへの対応－経営者による内部統制の無視は予期せぬ手段により行われる可能性があるため、経営

者による内部統制の無視に絡んだ不正による重要な虚偽表示のリスクに対する監査手続の実施を含む、識別したリスクへの対応

監査人は、不正による重要な虚偽表示のリスクに十分に対応する監査手続を立案することができないと判断した場合には、監査への影響を検討する。

(1) 全般的な対応 (Overall Responses)

監査人は、評価した財務諸表全体レベルの不正による重要な虚偽表示のリスクに応じた全般的な対応の決定において、次の事項を考慮しなければならない。

①監査チームのメンバーの配置と指導監督 (Assignment and Supervision of Personnel)

評価した財務諸表全体レベルの不正による重要な虚偽表示のリスクに応じて、重要な業務に配置する監査チームのメンバーの知識、技能および能力を決定する。

②企業が採用している会計方針 (Selection and Application of Accounting Policies)

監査人は、重要な会計方針、特に主観的な測定と複雑な取引に関係する会計方針に関する経営者による選択および適用について、経営者による利益調整に起因する不正な財務報告の可能性を示しているかどうかを検討する。

③実施する監査手続、その実施の時期および範囲への企業が想定しない要素の組込み (Unpredictability in the Selection of Audit Procedures)

企業構成員のうち、通常実施される監査手続を理解している者は、不正な財務報告の隠蔽が容易に行える場合がある。したがって、監査人は、抜き打ちの監査 (surprise audit) など、実施する監査手続、その実施の時期および範囲の選択に当たって、企業が想定しない要素を組み込む。

(2) リスク対応手続

監査人は、評価した財務諸表項目レベルの不正による重要な虚偽表示のリスクへの対応として、次のとおり、実施する監査手続、その実施の時期および範囲の変更を検討する。

①より証明力が強く適合性の高い監査証拠を入手するため、または裏付けとなる追加的な情報を入手するために、実施する監査手続の変更の要否を検討する。

②監査手続の実施の時期の変更の要否を検討する。

③実施する監査手続の範囲の変更の要否を検討する。

(3) 経営者による内部統制の無視のリスクに対応する監査手続

監査人は、経営者による内部統制の無視のリスクに対応するため、次の監査手続を立案して実施しなければならない。

①仕訳および修正（Journal Entries and Other Adjustments）

不正による重要な虚偽の表示は、財務報告プロセスにおける操作を伴うことが多い。監査人は、総勘定元帳に記録された仕訳や決算プロセスにおける修正についての適切性を検証するために、次の手続を実施する。

　ア　財務報告プロセスならびに仕訳および修正に関する内部統制を理解する。

　イ　仕訳および修正に関する内部統制のデザインを評価し、それらが業務に適用されているかどうか判断する。

　ウ　財務報告プロセスの担当者に対して、仕訳および修正のプロセスに関連する不適切なまたは通例でない処理がないかどうか質問する。

　エ　詳細テストを実施する時期を決定する。

　オ　詳細テストを実施する仕訳および修正を識別して抽出する。

②会計上の見積り（Accounting Estimates）

不正な財務報告は、会計上の見積りに関する意図的な虚偽の表示によって行われる場合が多い。監査人は、不正による重要な虚偽の表示と

なり得る会計上の見積りの検討において、次の手続を実施する。

　　ア　監査人は、監査証拠に裏付けられた最善の見積りと財務諸表に含まれる見積りとの間の差異が、個々に合理的である場合であっても、経営者の偏った傾向の可能性を示しているかどうか検討し、偏った傾向の可能性を示している場合には、これらの見積りを全体として再検討する。

　　イ　過年度の財務諸表に反映された重要な会計上の見積りに関連する経営者の仮定および判断に対する遡及的な検討を実施する。この検討の目的は、経営者の偏った傾向の可能性が示されているかどうかを判断することであり、過年度において利用可能であった情報を基礎とした職業的専門家としての監査人の判断を問題とするものではない。

③重要な取引に係る事業上の合理性（Business Rationale for Significant Transactions）

　監査人は、企業の通常の事業活動の範囲を超えた重要な取引、または通例でないと判断される重要な取引について、不正な財務報告を行うため、または資産の流用を隠蔽するために行われたかどうかを合理性の有無の検討により判断する。監査人は、事業上の合理性を理解するために、次の事項を検討する。

　　ア　取引の形態が非常に複雑であるかどうか。
　　イ　経営者が、取引の内容や会計処理を取締役等または監査役等と討議し、十分に文書化しているかどうか。
　　ウ　経営者が、取引の経済的合理性よりも特定の会計処理を必要としているかどうか。
　　エ　特別目的会社等を含む非連結の関連当事者との取引が、取締役会によって適切に検討され承認されているかどうか。
　　オ　取引が、以前には識別されていなかった関連当事者や、被監査会社からの支援なしには取引を裏付ける実体や財務的資力をもっていない取引先に関係しているかどうか。

6 監査証拠の評価 (Evaluation of Audit Evidence)

　監査人は、実施した監査手続および入手した監査証拠に基づいて、財務諸表項目レベルの重要な虚偽表示のリスクに関する評価が適切であるかどうかを判断する必要がある。監査人は、これにより、不正による重要な虚偽表示のリスクと、追加的なまたは異なる監査手続を実施する必要性についての深い理解が得られる。この判断に当たって監査人は、監査の全過程を通じて、不正による重要な虚偽表示のリスクを示す情報や状況に関して監査チームの他のメンバーと適切な討議を行ったかどうかについても検討する。

　監査人は、監査の最終段階における分析的手続の結果が、それまで認識していなかった不正による重要な虚偽表示のリスクを示していないかどうか検討しなければならない。監査人は、虚偽の表示を発見した場合、その虚偽の表示が不正の兆候であるかどうか検討し、兆候であると判断したときには、他の監査局面との関係、特に経営者の陳述の信頼性に留意して、その虚偽の表示が与える影響を検討しなければならない。

　監査人は、不正が行われた結果として財務諸表に重要な虚偽の表示が行われていると判断した場合、またはそうであるかどうかを判断することができない場合には、監査および監査報告に対する影響を検討しなければならない。

7 経営者による確認書

　不正の特性や、不正による重要な虚偽の表示を発見することの困難さから、不正による財務諸表の重要な虚偽の表示の可能性に対する経営者の評価に関する情報、および企業に影響を与える不正、不正の疑いまたは不正の申立てに関する情報を監査人に示したことを確認する書面を、監査人が経営者から入手することは重要である。監査人は、次の事項を記載した経営者確認書を入手しなければならない。

　①不正を防止し発見する内部統制を構築し維持する責任は、経営者に

あることを承知している旨
② 不正による財務諸表の重要な虚偽の表示の可能性に対する経営者の評価を監査人に示した旨
③ 次の者が関与する企業に影響を与える不正または不正の疑いがある事項に関する情報が存在する場合、その情報を監査人に示した旨
　　ア　経営者
　　イ　内部統制において重要な役割を担っている従業員
　　ウ　財務諸表に重要な影響を及ぼすような不正に関与している者
④ 従業員、元従業員、投資家、規制当局またはその他の者から入手した財務諸表に影響する不正の申立てまたは不正の疑いに関する情報を監査人に示した旨

経営者による確認書では、経営者には、適正な財務諸表を作成する責任があること、企業の規模にかかわらず不正を防止し発見する内部統制を構築し維持する責任があることを、経営者が承知していることが重要である。

8　経営者および監査役等とのコミュニケーション

監査人は、不正を識別した場合、または不正が存在する可能性があることを示す情報を入手した場合、速やかに、適切なレベルの役職者に報告しなければならない。監査人が不正が存在または存在するかもしれない証拠を入手した場合は、従業員による少額の使込み等些細な事項であっても、速やかに、適切なレベルの役職者の注意を喚起することが重要である。

監査人は、①経営者、②内部統制において重要な役割を担っている従業員および③重要な虚偽の表示となる不正に関与している者が関与する不正を識別した場合、速やかに、監査役等に報告しなければならない。

監査役等とのコミュニケーションは、口頭または書面により行われる。監査人は、経営者が関与する不正が疑われる場合、監査役等に報告するとともに、必要となる監査手続、その実施の時期および範囲についても

討議する。

　監査人は、不正を防止し発見するための内部統制のデザインと業務への適用に係る重大な欠陥に気付いた場合、速やかに、適切なレベルの経営者、監査役等または適切なレベルの責任者に報告しなければならない。

　監査人は、内部統制が存在しないもしくは内部統制が不十分であるために生じた不正による重要な虚偽表示のリスクを識別した場合、または企業のリスク評価プロセスに重大な欠陥があると判断した場合、その欠陥を企業のガバナンスに係る監査上の問題点として取り上げる。

　監査人は、不正に関連して監査役等と討議すべき次のような事項があるかどうかを検討しなければならない。

　　ア　不正を防止し発見するために構築された内部統制、ならびに財務諸表の虚偽の表示の可能性に対する経営者の評価の手続、その範囲および頻度についての懸念事項
　　イ　識別した内部統制の重大な欠陥に対する経営者の不適切な対応
　　ウ　識別した不正に対する経営者の不適切な対応
　　エ　経営者の能力と誠実性に関する問題を含む、企業の統制環境に関する監査人の評価
　　オ　不正な財務報告を示唆する経営者の行動
　　カ　企業の通常の事業活動の範囲を超えるような取引の承認に関する適切性または網羅性に関する懸念事項

9　第三者への報告

　監査人は、守秘義務があるため、被監査会社の同意がある場合や法令等の規定に基づく場合等正当な理由がある場合を除き、発見した不正について第三者に対して報告または漏らしてはならない。

第2節　不正リスク要因

　監査人が監査の局面において直面する典型的な不正リスク要因の例は、以下のとおりである。不正リスク要因の例示に当たっては、不正リスク要因を、まず、①不正な財務報告に関する不正リスク要因と②資産の流用に関する不正リスク要因とに分け、さらにこれらの要因を、不正による重要な虚偽の表示が行われる場合に通常みられる3つの状況、すなわち、不正に関与しようとする「動機・プレッシャー（incentives/pressures）」、不正を実行する「機会（opportunities）」、および不正行為に対する「姿勢・正当化（attitudes/rationalizations）」に分類している。

1　不正な財務報告による虚偽の表示に関する要因

　不正な財務報告による虚偽の表示に関する要因の例は、次のとおりである。

(1)　動機・プレッシャー

①財務的安定性または収益性が、次のような一般的経済状況、企業の属する産業または企業の事業環境により脅かされている。

　ア　利益の減少を招くような過度の競争がある、または市場が飽和状態にある。

　イ　技術、製品陳腐化、利子率等の急激な変化・変動に十分に対応できない。

　ウ　顧客の需要が著しく減少していたり、企業の属する産業または経済全体における経営破綻が増加している。

　エ　経営破綻、担保権の実行または敵対的買収を招く原因となる営業損失が存在する。

　オ　利益が計上されているまたは利益が増加しているにもかかわらず営業活動によるキャッシュ・フローが経常的にマイナスと

　　　　なっていたり、営業活動からキャッシュ・フローを生み出すこ
　　　　とができない。
　　　カ　同業他社と比較した場合、急激な成長または異常な高収益が
　　　　みられる。
　　　キ　新たな会計基準、法令または規制の導入がある。
②経営者が、次のような第三者からの期待または要求に応えなければ
　ならない過大なプレッシャーを受けている。
　　　ア　経営者の非常に楽観的なプレス・リリースなどにより、証券
　　　　アナリスト、投資家、大口債権者またはその他外部者が企業の
　　　　収益力や継続的な成長について過度のまたは非現実的な期待を
　　　　もっている。
　　　イ　主要な研究開発や資本的支出のために行う資金調達など、競
　　　　争力を維持するために追加借入やエクイティ・ファイナンスを
　　　　必要としている。
　　　ウ　取引所の上場基準、債務の返済またはその他借入に係る制限
　　　　条項に十分対応できない。
　　　エ　業績の低迷が不利な結果をもたらすような企業結合や重要な
　　　　契約などの未実行の重要な取引がある。
③企業の業績が、次のような関係や取引によって、経営者または監査
　役等の個人財産に悪影響を及ぼす可能性がある。
　　　ア　経営者または監査役等が企業と重要な経済的利害関係を有し
　　　　ている。
　　　イ　経営者等の報酬の大部分が、株価、経営成績、財政状態また
　　　　はキャッシュ・フローに関する目標の達成に左右される賞与や
　　　　ストック・オプションなどで構成されている。
　　　ウ　企業の債務を個人的に保証している。
④経営者や営業担当者が、取締役会などが掲げた売上や収益性などの
　財務目標を達成するために、過大なプレッシャーを受けている。

(2) 機会

①企業が属する産業や企業の事業特性が、次のような要因により不正な財務報告に関わる機会をもたらしている。

　ア　通常の取引過程からはずれた重要な関連当事者との取引、または監査を受けていないもしくは他の監査人が監査する重要な関連当事者との取引が存在する。

　イ　仕入先や得意先等に不適切な条件を強制できるような財務上の強大な影響力を有している。

　ウ　主観的な判断や立証が困難な不確実性を伴う重要な会計上の見積りがある。

　エ　重要性のある異常な取引、または極めて複雑な取引、特に困難な実質的判断を行わなければならない期末日近くの取引が存在する。

　オ　事業環境や文化の異なる国または地域で重要な事業が実施されている。

　カ　明確な事業上の合理性があるとは考えられない仲介手段を利用している。

　キ　租税回避地域において、明確な事業上の合理性があるとは考えられない巨額の銀行口座が存在する、または子会社もしくは支店を運営している。

②経営者の監視が、次のような状況により不十分となっている。

　ア　経営が一人または少数の者により支配され統制がない。

　イ　財務報告プロセスと内部統制に対する取締役会および監査役等による監視が効果的ではない。

③組織構造が、次のような状況により複雑または不安定となっている。

　ア　企業を支配している組織等の識別が困難である。

　イ　異例な法的実体または権限系統となっているなど、極めて複雑な組織構造である。

　ウ　経営者または監査役等が頻繁に交代している。

④内部統制が、次のような要因により不備を有している。
　　ア　内部統制（ITにより自動化された内部統制を含む。）に対して十分な監視活動が行われていない。
　　イ　従業員の転出入率が高くなっていたり、十分な能力をもたない経理、内部監査またはITの担当者を採用している。
　　ウ　内部統制が重大な欠陥を有しているなど、会計システムや情報システムが有効ではない。

(3) 姿勢・正当化
　　ア　経営者が、経営理念や企業倫理の伝達・実践を効果的に行っていない、または不適切な経営理念や企業倫理が伝達されている。
　　イ　財務・経理担当以外の経営者が会計方針の選択または重要な見積りの決定に過度に介入している。
　　ウ　過去において法令等に関する違反があった、または不正や法令等に関する違反により企業、経営者もしくは監査役等が損害賠償請求を受けた事実がある。
　　エ　経営者が株価や利益傾向を維持したり、増大させることに過剰な関心を示している。
　　オ　経営者が投資家、債権者その他の第三者に積極的または非現実的な業績の達成を確約している。
　　カ　経営者が内部統制における重大な欠陥を発見しても適時に是正しない。
　　キ　経営者が不当に税金を最小限とすることに関心がある。
　　ク　経営者のモラルが低い。
　　ケ　オーナー経営者が個人の取引と企業の取引を混同している。
　　コ　非公開企業において株主間紛争が存在する。
　　サ　経営者が重要性がないことを根拠に不適切な会計処理を頻繁に正当化する。

シ　経営者と現任または前任の監査人との間に次のような緊張関係がある。
　　ⅰ 会計、監査または報告に関する事項について、経営者と現任または前任の監査人とが頻繁に論争しているまたは論争していた。
　　ⅱ 監査の終了または監査報告書の発行に関して極端な時間的制約を課すなど、監査人への不合理な要求を行っている。
　　ⅲ 監査人に対して、従業員等から情報を得ることまたは監査役等とコミュニケーションをとることを不当に制限しようとしている。
　　ⅳ 経営者が、監査業務の範囲または監査チームのメンバーの配置等に影響を与えたり、監査人に対して高圧的な態度をとる。

2　資産の流用による虚偽の表示に関する要因

　資産の流用による虚偽の表示に関する要因の例は、次のとおりである。なお、資産の流用による虚偽の表示の場合にも、不正な財務報告による虚偽の表示に関する要因が存在する場合があることに留意する。たとえば、資産の流用による虚偽の表示が存在するときにも、経営者の監視が不十分であることや、内部統制が不備を有していることがある。

(1) 動機・プレッシャー

①現金等の窃盗され易い資産を取り扱う従業員が、会社と次のような対立関係になっている。
　　ア　従業員の解雇が公表されたり、または予想される。
　　イ　従業員給与等の変更が行われたり、または予想される。
　　ウ　昇進や報酬等が従業員の期待に反している。
②経営者や従業員に個人的な債務があり、現金等の窃盗され易い資産を流用するプレッシャーとなっている。

(2) 機会

①資産の特性や状況が、次のような要因により資産を流用する機会をもたらしている。

　ア　手許現金または現金の取扱高が多額である。

　イ　たな卸資産が小型、高価または需要が多いものである。

　ウ　無記名債券または貴金属のような容易に換金可能な資産である。

　エ　小型で市場性が高い固定資産または所有権の明示されていない固定資産である。

②資産に対する内部統制が、次のような要因により不備となっている。

　ア　職務の分離または牽制が不十分である。

　イ　経営者の旅費やその他の支出とその精算に対する監視が不十分である。

　ウ　資産を管理する従業員に対して経営者による監視活動が不十分である（特に遠方にある事業所）。

　エ　流用され易い資産を取り扱う従業員の採用手続が不適切である。

　オ　資産に関する帳簿記録が不十分である。

　カ　取引（たとえば、購買取引）に関する権限と承認手続が不適切である。

　キ　現金、有価証券、たな卸資産または固定資産に関する資産保全手続が不適切である。

　ク　資産について網羅的かつ適時な調整が行われていない。

　ケ　取引（たとえば、商品の返品取引）について適時かつ適切な記帳が行われていない。

　コ　内部統制において重要な役割を担っている従業員に強制休暇を取得させていない。

　サ　ITに関する経営者の理解が不十分なため、ITの不正操作による資産の流用が可能となっている。

シ 自動化された記録に対するアクセス管理が不十分である（コンピュータ・システムのログに関するアクセス管理と査閲を含む。)。

(3) 姿勢・正当化
ア 資産の流用に関するリスクを考慮した監視活動を行っていない、またはそのリスクを低減する措置をとっていない。
イ 資産の流用に関する内部統制を無視したり、内部統制の不備を是正しない。
ウ 従業員の処遇や企業に対する不満が存在する。
エ 行動や生活様式に資産の流用を示す変化が見られる。
オ 少額な窃盗を容認している。

第3節 違法行為

1 違法行為の意義

違法行為（illegal act）とは、故意もしくは過失または作為もしくは不作為を問わず、会社が関係する法令違反となるものをいう。したがって、会社の経営活動に全く関係しない法令違反行為は含まない。違法行為が発見されると、それが不正または誤謬による重要な虚偽の表示を招くこともあり、違法行為と不正および誤謬は密接な関連がある。

違法行為は、①会計処理に影響を及ぼす違法行為および②会計処理に影響を及ぼさない違法行為に分類することができる。会計処理に影響を及ぼす違法行為は、通常、会計上の不正または誤謬となる。当期において会計処理に影響を及ぼさない違法行為でも、次期以降の財務諸表に影響を与えるものもある。

2　違法行為と財務諸表監査

　監査人は、違法行為として確定した行為だけでなく、監査人が違法の疑いが強いと判断した行為についても、違法行為に準じて扱う。監査人は、監査計画の策定、監査の実施および監査意見の表明の各段階において、違法行為が財務諸表に重要な影響を及ぼす場合があることに留意しなければならない。

　監査人は、監査の実施過程で自らの知識または経験から特定の行為が違法行為であると判断した場合や違法行為であるかもしれないとの疑念をもつ場合がある。しかし、ある行為が違法か否かについては、最終的に裁判所の判決でなされるものであることに留意しなければならない。

3　違法行為の分類

　違法行為は、会計処理に影響を及ぼす違法行為、および会計処理に影響を及ぼさない違法行為に分類することができる。会計処理に影響を及ぼす違法行為は、通常、会計上の不正または誤謬となる。当期において会計処理に影響を及ぼさない違法行為でも、次期以降の財務諸表に影響を与えるものがあることに留意しなければならない。

4　違法行為と内部統制

　内部統制は、違法行為が発生する可能性を低くすることはできるが、所定の目的どおりに機能しないという可能性も常にあり、完全に除去することはできない。違法行為の防止および発見に関連して有効な内部統制としては、①法規の遵守を促すための経営者の姿勢、②倫理規範の制定と周知徹底、③法律遵守マニュアルの整備と周知徹底、④法的規制事項の業務管理諸規程への反映、⑤法律知識の教育・研修体制の整備、⑥懲戒規定の厳格な運用、⑦法務部門等による契約書類等の検討、⑧顧問弁護士の活用、⑨内部監査の実施、などがある。

5 違法行為に対する責任

(1) 経営者の責任

経営者は、企業を経営する上で法令を遵守することについての責任を有している。その責任は、経営者として自ら誠実に業務を執行するだけでなく、適切な内部統制を構築し、維持することにより遂行される。

(2) 監査人の責任

財務諸表の監査は、すべての違法行為を発見することを予定していない。一般的に、会計処理に影響を及ぼさない違法行為や共謀、文書偽造等の意図的隠蔽行為を伴う違法行為は、監査人が発見できない可能性が高い。しかしながら、監査人は、会計上の不正および誤謬による財務諸表の重要な虚偽の表示を看過しないために、職業的専門家としての正当な注意を払い、職業的懐疑心を保持して監査を実施し、財務諸表の重要な虚偽の表示の原因となる違法行為の発生または存在の可能性について検討しなければならない。

6 違法行為と監査計画・監査手続

監査計画の策定に当たり、監査人は、会社および会社が属する産業に関連する法令ならびにその遵守のための内部統制について理解する必要がある。特に、財務諸表の作成に重要な影響を与える法令について十分理解し、また、特定の違法行為が継続企業の前提に影響を与える可能性についても理解する必要がある。

監査人は、違法行為の発生または存在の可能性について疑念がない場合には、違法行為を発見するための特別な監査手続を実施する必要はない。しかしながら、監査の実施過程で、違法行為の発生または存在の可能性に気付いた場合には、違法行為が行われたかどうかを確かめるため、関連書類・資料の分析、経営者への質問、法律専門家の意見の聴取等の適切な監査手続を実施しなければならない。

監査の実施過程で、違法行為の発生または存在の可能性について監査人が疑念を抱く場合としては、以下のようなものが考えられる。
①適切な承認のないまたは正確に記録されていない重要な取引
②監査上必要な書類
③資料の提示、提出等に当たっての逡巡、遅延等の異常な対応
④行政機関の特別調査または重要な指摘事項・多額の罰金または課徴金の支払

法令を遵守することについての責任は経営者にあり、財務諸表に重要な影響を与える違法行為がないことを、「経営者による確認書」により確かめる。また、顧問弁護士から係争事件の有無について確認書を入手することも適切な監査手続である。

7 発見した違法行為の取扱い

監査人は、違法行為を発見した場合には、その行為の性質および発生の状況を理解し、会計処理に影響を及ぼす違法行為であるかどうかを判定し、次の対応をしなければならない。なお、十分な理解を得るために経営者と協議を行い、必要に応じ適切な法律専門家に助言を求めなければならない。

①経営者または監査役等への報告

監査人は、発見した違法行為が軽微なものである場合を除いて、経営者および監査役等にその内容を報告しなければならない。

②不正および誤謬に準じた監査上の取扱いの検討

発見した違法行為が不正または誤謬となる場合には、不正および誤謬の扱いによる。

③次期以降の財務諸表への影響の考慮

発見した違法行為が、当期において会計処理に影響を及ぼさない場合でも、次期以降の財務諸表に影響を与えるかどうかについて検討しなければならない。その場合には、罰金、課徴金、損害賠償金、資産の没収、事業活動の休停止などの内容とこれに伴う損失の発生の可能性について

の開示の必要性を検討する必要がある。発見した違法行為の内容とこれに伴う損失の発生の可能性についての開示が適切になされていないことが重要な虚偽の表示の原因となる場合には、不正および誤謬に係る取扱いに準じて、監査意見への影響を検討しなければならない。

第10章

継続企業の前提の監査

第1節　継続企業の前提に対する対処

　企業破綻が相次いぐ状況などの場合には、継続企業の前提について、監査人が検討することに対する社会の期待があるといえる。国際監査基準（ISA570）では、「監査手続の計画、実施およびその結果の評価に際して、監査人は、財務諸表の作成に継続企業の前提を経営者が用いることの適切性を検討しなければならない。」と定めており、アメリカをはじめとする主要国の監査基準にも、継続企業の前提に関して監査人が検討を行うことを義務づけている。

　財務諸表は、一般に公正妥当と認められる企業会計の基準に準拠して作成されるが、企業会計の基準は継続企業の前提を基礎としているため、財務諸表に計上されている資産および負債は、将来の継続的な事業活動において回収または返済されることが予定されている。しかし、企業はさまざまなリスクにさらされながら事業活動を営んでおり、企業が将来にわたって事業活動を継続できるかどうかは、もともと不確実性を有している。したがって、継続企業の前提に重要な疑義を生じさせるような

事象または状況が存在する場合で、その事象または状況を解消し、または改善するための対応策を講じてもなお継続企業の前提に関する重要な不確実性が認められるときには、財務諸表において継続企業の前提に関する事項を適切に注記することが重要となる。

　監査人は、監査計画の策定およびこれに基づく監査の実施において、継続企業の前提に基づき財務諸表を作成することが適切であるか否かを検討しなければならない。監査人による継続企業の前提に関する検討は、経営者による継続企業の前提に関する評価を踏まえて行われる。具体的には、継続企業の前提に重要な疑義を生じさせる事象や状況の有無、合理的な期間について経営者が行った評価、その事象または状況を解消し、または改善するための経営者の対応策について検討する。

第2節　継続企業の前提に重要な疑義を生じさせるような事象や状況

　継続企業の前提に重要な疑義を生じさせるような事象や状況としては、企業の破綻の要因を一義的に定義することは困難であることから、監査基準では、財務指標の悪化の傾向、財政破綻の可能性等概括的な表現が用いられている。このような例、すなわち、継続企業の前提に重要な疑義を生じさせるような事象または状況の例には、通常、以下のものがある。[1]

　①財務指標関係
　　　ア　売上高の著しい減少
　　　イ　継続的な営業損失の発生または営業キャッシュ・フローのマイナス
　　　ウ　重要な営業損失、経常損失または当期純損失の計上
　　　エ　重要なマイナスの営業キャッシュ・フローの計上
　　　オ　債務超過
　②財務活動関係

ア　営業債務の返済の困難性
　　イ　借入金の返済条項の不履行または履行の困難性
　　ウ　社債等の償還の困難性
　　エ　新たな資金調達の困難性
　　オ　債務免除の要請
　　カ　売却を予定している重要な資産の処分の困難性
　　キ　配当優先株式に対する配当の遅延または中止
　③営業活動関係
　　ア　主要な仕入先からの与信または取引継続の拒絶
　　イ　主要な市場または得意先の喪失
　　ウ　事業活動に不可欠な重要な権利の失効
　　エ　事業活動に不可欠な人材の流出
　　オ　事業活動に不可欠な重要な資産の毀損、喪失または処分
　　カ　法令に基づく重要な事業の制約
　④その他
　　ア　巨額な損害賠償金の負担の可能性
　　イ　ブランド・イメージの著しい悪化

第3節　監査計画の策定段階の監査手続

　監査人は、監査計画の策定に際して、継続企業の前提に重要な疑義を生じさせるような事象または状況が存在するか否かについて検討する。その結果、継続企業の前提に重要な疑義を生じさせるような事象または状況が識別された場合には、その事象または状況が監査の実施に及ぼす影響を考慮して、実施する監査手続、その実施の時期および範囲を決定しなければならない。
　この場合の手続には、①経営者とのディスカッション、②監査役もしくは監査役会とのコミュニケーション、③分析的手続、④後発事象の検

討、⑤社債・借入金等に係る契約条項への準拠性の検討、⑥株主総会、取締役会等の議事録の閲覧、⑦顧問弁護士等への照会、⑧財務的支援を行っている親会社等に対する照会などがある。

第4節　監査の実施段階の監査手続

1　経営者の評価についての検討

　監査人は、継続企業の前提に重要な疑義を生じさせるような事象または状況が存在すると判断した場合には、その事象または状況に関して合理的な期間について経営者が行った評価および対応策について検討した上で、継続企業の前提に関する重要な不確実性が認められるか否かを判断するための十分かつ適切な監査証拠を入手しなければならない。対応策の検討に当たっては、監査人は、対応策がその事象または状況を解消し、または改善するものであるかどうか、およびその実行可能性について検討しなければならない。経営者の評価期間は、少なくとも貸借対照表日の翌日から1年間を対象としなければならない。

2　対応策の検討事項

　監査人は、対応策のてん末について予測することはできないため、たとえば、次の点を考慮して、その対応策を検討する。

　　〈資産の処分による対応策〉
　　　　・資産処分の制限（抵当権設定等）
　　　　・処分予定資産の売却可能性
　　　　・売却先の信用力
　　　　・資産処分による影響（生産能力の縮小等）
　　〈資金調達による対応策〉
　　　　・新たな借入計画の実行可能性（与信限度、担保余力等）

・増資計画の実行可能性（割当先の信用力等）
　　・その他資金調達の実行可能性（売掛債権の流動化、リースバック等）
　　・経費の節減又は設備投資計画等の実施の延期による影響
〈債務免除による対応策〉
　　・債務免除を受ける計画の実行可能性（債権者との合意等）

3　対応策の検討に関連する監査手続

①対応策に含まれるキャッシュ・フロー、利益その他関連する予測財務情報を分析し経営者と討議する。
②企業の直近の財務諸表、中間財務諸表または四半期財務諸表を分析し経営者と討議する。
③重要な訴訟や賠償請求等の影響について、経営者の評価を検討するとともに、顧問弁護士に照会する。
④親会社、取引金融機関等による財務的支援の可能性やその支援実行のための財務的能力を検討する。

　監査人は、対応策に含まれる予測財務情報を分析することが重要と判断した場合には、①予測財務情報の基礎となる重要な仮定、②前期以前に作成された予測財務情報と実績との比較、③当期作成された予測財務情報と実績（監査報告書予定日直近月まで）との比較などについて検討しなければならない。

4　継続企業の前提に関する重要な不確実性

　監査人は、入手した監査証拠に基づき、単独でまたは複合して継続企業の前提に重要な疑義を生じさせるような事象または状況に関する重要な不確実性が認められるかどうかについて結論づけなければならない。継続企業の前提に関する重要な不確実性が存在しているかどうかについては、その不確実性がもたらす影響の大きさおよびその発生可能性に基づき、実態に即して判断する。

不確実性がもたらす影響の大きさおよびその発生可能性に基づき、財務諸表の利用者が企業の財政状態、経営成績およびキャッシュ・フローの状況を適切に理解するために、監査人の判断により、継続企業の前提に関する適切な注記が必要であるとした場合、継続企業の前提に関する重要な不確実性が存在していることになる。

5　財務諸表に与える影響の検討

　監査人は、監査意見の表明時点において、継続企業の前提に関する検討結果を踏まえ、最終的に経営者が継続企業の前提に基づき財務諸表を作成することが適切であるかどうかについて判断しなければならない。監査人は、経営者が継続企業の前提に基づき財務諸表を作成することが適切であると判断した場合には、継続企業の前提に関する事項を財務諸表に注記する必要があるかどうか、また、注記する場合にはその内容が適切であるかどうかについて検討しなければならない。

　監査人は、更生・再生計画の不認可、破産の申立て、事業継続の中止の決定など、継続企業の前提が成立していないことが一定の事実をもって明らかな場合には、継続企業を前提として財務諸表を作成することは不適切であると判断しなければならない。

第5節　監査報告と追記情報

　監査人は、継続企業の前提に重要な疑義を生じさせるような事象または状況が存在すると判断したが、その事象または状況を解消し、または改善するための対応策により継続企業の前提に関する重要な不確実性が認められず、継続企業を前提として財務諸表を作成することが適切であると判断した場合には、無限定適正意見を表明する。

　監査人は、継続企業の前提に重要な疑義を生じさせるような事象または状況が存在すると判断し、その事象または状況を解消し、または改善

するための対応策を講じてもなお継続企業の前提に関する重要な不確実性が認められる場合において、継続企業を前提として財務諸表を作成することが適切であり、かつ、継続企業の前提に関する事項の注記が適切であると判断したときは、無限定適正意見を表明し、監査報告書に追記情報として次の事項を記載する。

① 継続企業の前提に重要な疑義を生じさせるような事象または状況が存在する旨およびその内容
② その事象または状況を解消し、または改善するための対応策
③ 継続企業の前提に関する重要な不確実性が認められる旨およびその理由
④ 財務諸表は継続企業を前提として作成されており、その重要な不確実性の影響を財務諸表に反映していない旨

　監査人は、継続企業の前提に重要な疑義を生じさせるような事象または状況が存在すると判断した場合で、その事象または状況に関して経営者が評価および一定の対応策を示さないとき（経営者の評価期間が貸借対照表日の翌日から1年に満たない場合を含む）には、継続企業の前提に関する重要な不確実性が認められるか否かを判断する十分かつ適切な監査証拠を入手できないことがある。その場合には重要な監査手続を実施できなかった場合に準じて、除外事項を付した限定付適正意見を表明するかまたは意見を表明しない。

第6節　経営者確認書

　監査人は、継続企業の前提に重要な疑義を生じさせるような事象または状況が存在すると判断した場合には、経営者が継続企業を前提に財務諸表を作成することは適切であると判断していること、対応策を含めその内容はすべて監査人に説明していること、継続企業の前提に関する重要な不確実性が認められるときにはその内容は財務諸表に適切に注記し

ていること等を記述した経営者確認書を入手しなければならない。

第7節　継続企業の前提に関する開示

　一般に公正妥当と認められる企業会計の基準に準拠して財務諸表を作成する責任は経営者にあり、経営者は、財務諸表の作成に当たって、継続企業の前提が適切であるかどうかを評価することが求められる。

　企業活動の継続が損なわれるような重要な事象または状況が突然生起することはまれであると考えられるため、継続企業の前提に関する開示の検討に際しては、継続企業の前提に重要な疑義を生じさせるような事象または状況につながるおそれのある重要な事項を幅広く検討することが必要であり、有価証券報告書等における財務諸表以外の箇所において適切に開示する必要がある。

　したがって、継続企業の前提に関する事項を財務諸表に注記する場合においては、有価証券報告書の「事業等のリスク」および「財政状態、経営成績及びキャッシュ・フローの状況の分析」に、その注記に係る継続企業の前提に重要な疑義を生じさせるような事象または状況が発生した経緯および経過等を開示しなければならない。また、継続企業の前提に関する注記を開示するまでには至らない場合であっても、継続企業の前提に重要な疑義を生じさせるような事象または状況が存在する場合には、その旨およびその内容等を開示しなければならない。

第8節　二重責任の原則と継続企業の前提の監査

　継続企業の前提に関する監査人の検討は、経営者による継続企業の前提に関する評価の検討である。経営者は、財務諸表の作成に当たって継続企業の前提が成立しているかどうかを判断し、継続企業の前提に重要

な疑義を抱かせる事象や状況について、適切な開示を行わなければならない。監査人は、企業の事業継続能力そのものを認定し、企業の存続を保証するのではなく、財務諸表に適切な開示が行われているか否かの判断を行う。このように、継続企業の前提に関する監査人の検討に関わる監査人の責任は、二重責任の原則に裏付けられている。

継続企業の前提に関する監査人の検討は、少なくとも、監査人に、経営者の判断に立ち入った実質的判断を求めている。二重責任の原則の下で、経営者の責任と監査人の責任は区分されているが、継続企業の前提に重要な疑義を抱かせる事象または状況が存在しているような場合には、経営者と監査人の十分なディスカッションに基づく協調関係がなければ、解決は困難であろう。したがって、継続企業の前提に関する監査人の検討は、旧来にもまして監査人に実態により立ち入った監査とならざるを得ないという状況を生ぜしめており、監査人の役割と責任は、大きくなってきているといえる。

〔注〕

1)　監査委員会報告第74号「継続企業の前提に関する開示について」より。

第11章

訂正有価証券報告書における会計情報の訂正動向

第1節 訂正有価証券報告書の提出動向

　訂正有価証券報告書の提出件数が近年特に増加している。有価証券報告書は、投資者にとって、企業情報の基礎となるものであるが、訂正有価証券報告書は、その有価証券報告書の提出会社が投資者へ向けて特に訂正すべきものとして提供する開示情報であることから、訂正件数や訂正内容の実態等、訂正有価証券報告書の提出動向に注目することは、企業情報の開示環境の実態の把握という観点からも重要であり、投資者が求める開示内容に対する示唆も含まれるものと思われる。

　訂正有価証券報告書の近年の提出数の推移は【図表11-1】のとおりである。本表は、訂正有価証券報告書の提出数を毎年7月から翌年6月にわたる1年間の年度ごとに示している。これは、3月決算会社が有価証券報告書提出会社の大宗を占めること、新会計基準や開示規制の多くが3月決算会社から適用開始になることから、3月決算会社の有価証券報告書の提出の翌月を各年の始期とした年度ごとの状況を示すためである。本表では、便宜上、この7月に始まる1年間を（有価証券報告書の）

開示年度と称している。

本表を見ると、2008（平成20）年3月期の開示年度による訂正有価証券報告書提出件数は3,131件と前年度に比して減少し安定の兆しもうかがえるが、2007（平成19）年3月期の5,306件をピークとする急激な増加傾向が存在したことが見てとれる。

後述のように、2004（平成16）年3月期有価証券報告書の提出後の2004（平成16）年12月の547件には、一時的な著増要因が含まれていることを考慮すると、訂正有価証券報告書の提出数の動向として、2004（平成16）年3月期の開示年度は千数百件程度で、2005（平成17）年3月期に倍増し、2007（平成19）年3月期にさらに倍増している傾向を観察することができる。

【図表11-1】訂正有価証券報告書の提出数の推移

開示年度	平成20年3月期	平成19年3月期	平成18年3月期	平成17年3月期	平成16年3月期
月次	2008(平成20)年	2007(平成19)年	2006(平成18)年	2005(平成17)年	2004(平成16)年
7	386	390	275	246	181
8	367	476	130	129	84
9	799	905	137	106	51
10	239	928	101	217	63
11	319	450	115	126	81
12	163	382	210	184	547
月次	2009(平成21)年	2008(平成20)年	2007(平成19)年	2006(平成18)年	2005(平成17)年
1	105	98	108	95	78
2	127	205	129	101	76
3	123	273	212	110	74
4	145	237	146	80	73
5	117	212	167	125	83
6	241	750	327	294	198
	3,131	5,306	2,057	1,813	1,589

（著者作成：EDINET期間（提出日）：日付指定を用いた提出書類検索による）

第2節　訂正事案と開示規制の対応状況

この3カ年間の、開示規制に関連した企業情報開示の非違事案や関係機関の開示規制の対応状況は、主に次のようなものである。

1　西武鉄道事件等による名義株による「株式等の状況」の訂正

2004（平成16）年10月、西武鉄道が、東京証券取引所の当時の上場廃止基準である「大株主等の持株比率が1年間以上80％を超えているとき」に抵触しないように、40年以上もの間、有価証券報告書の大株主の持株比率を過少記載していたことが明らかになった。その後も上場企業による有価証券報告書の「株式等の状況」の不実記載が発覚したことから、金融庁は、2004（平成16）年11月16日「ディスクロージャー制度の信頼性確保に向けた対応について」および2004（平成16）年12月24日「ディスクロージャー制度の信頼性確保に向けた対応（第二弾）」を公表し、すべての有価証券報告書提出企業4,543社に対して株主の状況等についての開示内容を自主的に点検し、必要があれば速やかに訂正報告書等の提出を行うよう、各財務局を通じて指示した。これにより、訂正報告書を提出した企業が、株主関連情報を中心に600社を超すこととなった。

【図表11-1】の2004（平成16）年12月の訂正有価証券報告書の提出件数547件という著増はこの理由によるものであり、特に、その中の352件は、「株式等の状況」の訂正によるものである。

2　コーポレート・ガバナンスに関する事項の有価証券報告書上の開示とその拡充

「株式等の状況」の不実記載だけでなく、2004（平成16）年10月28日、カネボウの経営浄化調査委員会が、旧経営陣によって過去5年間に

わたり2,150億円の粉飾処理が行われていたことを公表するなどの事案が明らかになったことから、企業のコーポレート・ガバナンス機能の充実が特に必要とされ、2004（平成16）年3月期から有価証券報告書上も記載が行われているコーポレート・ガバナンスの状況に関して、2005（平成17）年3月期から、以下の事項の記載内容の拡充を義務づけることとなった。

　①内部監査および監査役（監査委員会）監査の組織、人員、手続。内部監査、監査役（監査委員会）監査および会計監査の相互連携
　②社外取締役および社外監査役と会社との人的関係、資本的関係または取引関係その他の利害関係
　③関与公認会計士の氏名、監査法人への所属および監査継続年数。会計監査業務に係る補助者の構成。監査証明を個人会計士が行っている場合の審査体制

3　2005（平成17）年3月期のコーポレート・ガバナンスに関する事項の記載状況

　2005（平成17）年11月25日、金融庁は「平成17年3月期に係る有価証券報告書の重点審査結果について」を公表し、以下のような制度整備の方向性が示された。

　2004（平成16）年3月期の有価証券報告書からその開示が義務づけられたコーポレート・ガバナンスの状況について、証券取引法上のディスクロージャーをめぐる不適正な事例等を踏まえると、内部監査等の状況や社外取締役・社外監査役の独立性、会計監査人の監査体制や監査継続年数等についての開示の充実が図られる必要がある。

　また、この中で、審査方法や審査結果の概要が併せて公表されており、結論として、「コーポレート・ガバナンスの状況」の開示項目のうち、記載事項の一部が記載漏れとなっているなどの不適切な事例が多数認められたと結論づけられている。

4 2007（平成19）年3月期有価証券報告書のコーポレート・ガバナンスを中心とする「有価証券報告書の調査票」の提出要請

2007（平成19）年6月、各財務局より、コーポレート・ガバナンスの記載状況について、自己点検調査票の提出要請を行ったところ、不十分な開示状況が多く認められ、多数の訂正報告書が提出された。【図表11-1】の平成19年3月期の5,306件というピークは、コーポレート・ガバナンスの訂正が多くを占めている。

第3節　会計情報の訂正の状況

【図表11-2】は、訂正有価証券報告書の提出件数のうち、会計情報の訂正に係るもののみの件数のおおよそを量るためにEDINETの全文検索機能を用いてキーワード「経理の状況」で検索した検索件数の推移である。

「経理の状況」をキーワードとする全文検索による検索数の場合、1通の訂正有価証券報告書に「経理の状況」という文言が複数記載されている場合には、複数件としてカウントされている。一方、本章の分析に用いた平成19年3月期開示年度（2007(平成19)年7月〜2008（平成20）年6月）の1,060件について、重複を除いた実件数は、791件であった。おおよそ20-30％の重複が含まれているとすると、2004（平成16）年から2007（平成19)年へ600件から800件程度に増加している傾向を見ることができよう。

2008(平成20)年の有価証券報告書提出会社数は、4,541社[1]であるから、訂正件数の比率は17％程度であり、各社が複数年度の訂正を行っている可能性を考慮しても、相当多くの会計情報の訂正が行われていることをうかがうことができる。会計情報の訂正は、その訂正内容の程度は別

として、すでに平常の開示実務となっていると判断できよう。近年、会計問題（不適正事案）の自主的あるいは積極的な開示が進んでいるという指摘もなされているが[2]、それも原因として考えることができる。

　有価証券報告書を作成する企業側の会計実務者や監査実務に従事している公認会計士のなかには、会社が公表した会計情報を訂正することは、会社にとっても監査人にとっても、みっともないという考えから、重大な誤り以外は訂正しない、すなわち、会計情報の訂正は例外的事案という考えも少なくない。そのような実感からは、会計情報（場合によっては複数年度の会計情報）の訂正が平常であるというこの集計結果は意外ともいえる。しかし、この集計結果からは、有価証券報告書提出会社は、会計情報に誤りが見つかれば（必ずしも重要性があると認められないものでも）訂正を行っている、という誠実な開示姿勢がみられ、そのことは評価しても良いと思われる。そして、そのような開示環境がすでに有価証券報告書提出者である企業側に存在しているのである。

　【図表11-3】は、「経理の状況」の訂正791件についての内訳である。「経理の状況」の訂正には、有価証券報告書の「経理の状況」の記載内容である会計情報の訂正とその添付書類である監査報告書の訂正が含まれる。監査報告書の記載内容のみを訂正する場合もあり、「監査報告書のみの訂正」は「経理の状況」の訂正とは別と考えることもできるが、本章の事例収集と抽出がEDINETによる「経理の状況」をキーワードとする全文検索によっていること、また、監査報告書は有価証券報告書の「経理の状況」の（連結）財務諸表にあわせて提出されるものであるから、本章では「経理の状況」の内訳として集計している。

【図表 11-2】訂正有価証券報告書の会計情報の訂正件数の傾向

「経理の状況」検索数	ヒット件数	重複等除く
2004年（平成16）年7月～2005（平成17）年6月	787	-
2005年（平成17）年7月～2007（平成18）年6月	957	-
2006年（平成18）年7月～2009（平成19）年6月	1,187	-
2007年（平成19）年7月～2008（平成20）年6月	1,060	791

（出所：著者作成（注））

【図表 11-3】「経理の状況」の訂正件数の内訳

経理の状況の訂正	766
監査報告書のみの訂正	25
合計件数	791

第4節　会計情報の訂正に関する論点

1　過年度の会計情報の訂正の問題点

　企業会計審議会「企業会計原則」では、第二損益計算書原則六（特別損益）に「特別損益は、前期損益修正益、固定資産売却益等の特別利益と前期損益修正損、固定資産売却損、災害による損失等の特別損失とに区分して表示する。」とされ「前期損益修正損益」として、訂正が発見された事業年度の損益項目として扱うことが定められている。これには、会社法上の決算の承認という問題や、配当・役員の選任などという株主固有の権限である各種の重要な決定が訂正前の会計情報を基にすでに行われており、その訂正内容の影響を当時の株主に補償することができない、もしくは、実務的ではない、という会社の機関としての安定性を重視する考え方が前提にあると考えられる。

しかし、投資意思決定のための基本的な情報とされる有価証券報告書の会計情報には、比較可能性が重視され、そのためには当年度の業績と比較される過年度の業績を必要な訂正も加味してより正確に示しておく必要も認められる。このことから、特に投資意思決定情報である有価証券報告書に含まれる会計情報については過年度の内容を訂正する実務が広まっており、これにより、会社法上の計算書類の会計情報と金融商品取引法上の会計情報が異なる状況も起こっている。具体的には、財務諸表上は、過年度の損益の修正およびその結果としての当年度の期首剰余金の修正を行い、計算書類上は、その過年度の損益の修正を当年度の前期損益修正損益とする取扱いであり、これにより、会社法上の計算書類の損益計算書の当年度損益と金融商品取引法上の財務諸表の損益計算書の当年度損益が異なることになる。[3]

　一方、過年度の株主ではなく当年度の株主に注目してみよう。当年度の株主も一投資者であるが、投資意思決定を行うべき有価証券報告書に含まれる会計数値と会社機関としての意思決定を行うべき株主総会招集通知に添付される計算書類の会計数値が異なる場合、その各々の立場について、もしくは、株主たる一投資者として、不利益を被らない円満な意思決定ができるのであろうか。

　このような問題を含んでいる過年度の会計情報の修正であるが、企業会計基準委員会は、2007（平成19）年7月9日に「過年度遡及修正に関する論点の整理」および2008（平成20）年6月に「会計上の変更及び過去の誤謬に関する検討状況の整理」を公表し、2009（平成21）年4月の公開草案を経て、12月に企業会計基準第24号「会計上の変更及び過去の誤謬に関する会計基準」および企業会計基準適用指針第24号「会計上の変更及び過去の誤謬に関する会計基準の適用指針」を公表している。これらの議論も踏まえて、過年度の会計情報の訂正についての論点を整理する。（以下、特に断りがない場合には「会計上の変更及び過去の誤謬に関する検討状況の整理」の項目番号をカッコで示している。）

2 会計情報の訂正の種類

　2009（平成21）年12月に公表された企業会計基準第24号「会計上の変更及び過去の誤謬に関する会計基準」は、「会計上の変更」と「誤謬の訂正」に区分して会計情報の訂正に関する取扱いを定めている（第4項）。「会計上の変更」とは、会計方針の変更、表示方法の変更および会計上の見積りの変更をいう。なお、過去の財務諸表における誤謬の訂正は、会計上の変更には該当しない。

　この会計基準において、「会計方針の変更」とは、従来採用していた一般に公正妥当と認められた会計方針から他の一般に公正妥当と認められた会計方針に変更することをいい、「表示方法の変更」とは、従来採用していた一般に公正妥当と認められた表示方法から他の一般に公正妥当と認められた表示方法に変更することをいう。また、「会計上の見積りの変更」とは、新たに入手可能となった情報に基づいて、過去に財務諸表を作成する際に行った会計上の見積りを変更することをいう。一方、「誤謬」とは、原因となる行為が意図的であるか否かにかかわらず、財務諸表作成時に入手可能な情報を使用しなかったことによる、又はこれを誤用したことによる、①財務諸表の基礎となるデータの収集又は処理上の誤り、②事実の見落としや誤解から生じる会計上の見積りの誤り、③会計基準の適用の誤りをいう。

　この会計基準での誤謬の訂正には、意図的な不適正な会計処理の更正など、現在、訂正有価証券報告書で行われている誤謬の訂正のすべての状況が当てはまるかどうか必ずしも明確ではないが、会計基準では、原因となる行為が意図的であるか否かに関わらない、としていることから、将来この会計基準が適用されると、訂正有価証券報告書で扱われている会計情報の訂正は、この会計基準に従って行われることになる。

　ただし、特に会計上の変更と異なり、特に不適正な会計処理の更正の場合など誤謬の訂正には遡って訂正することが可能かどうかという実践的な問題も生じることも考慮する必要があろう。

3 会計情報の訂正の方法

会計基準において、「遡及適用」とは、新たな会計方針を過去の財務諸表に遡って適用していたかのように会計処理することをいい、「財務諸表の組替え」とは、新たな表示方法を過去の財務諸表に遡って適用していたかのように表示を変更することをいう。また、「修正再表示」とは、過去の財務諸表における誤謬の訂正を財務諸表に反映するための修正を行うことをいう。

会計基準では、「会計方針の変更」は「遡及適用」を行い、「表示方法の変更」は「財務諸表の組替え」を行い、「会計上の見積りの変更」は、その変更の影響が及ぶ期間、すなわち、当期もしくは将来の期間にわたり会計処理を行うことが定められている。そして、過去の「誤謬」の訂正は「修正再表示」することが求められている。

4 開示上の取扱いと会計情報の訂正に関する論点

「遡及処理の考え方を導入する場合、遡及処理された財務諸表の取扱いや誤謬に関する取扱いなどにつき、監査のあり方も含め、会社法及び金融商品取引法に基づく開示制度などとの関係の整理が不可欠である。…後略…」(第30項)。しかしながら、会社法に会計方針の変更その他の正当な理由による修正後の過年度事項の提供を認める規定[4]があるのみで、過年度の会計情報の修正、特に過去の誤謬の訂正も含む全般的な会計情報の訂正に関する開示上の取扱いは定められていない。

5 誤謬の定義に関する論点

わが国においては、現在、監査上の取扱いにしか誤謬の定義がないため、国際的な会計基準も参考に、会計基準において誤謬を定義することが考えられる。監査基準委員会報告書第35号「財務諸表の監査における不正への対応」では、誤謬と不正とを区別した取扱いになっているが、国際財務報告基準では、誤謬には不正行為の影響も含むものとし、米国

会計基準でも両者を区別して定義していない。会計上の誤謬については、それが意図的であるのかどうかにより、その取扱いを区別する必要性はないものと考えられるため、会計基準において誤謬の定義を定める場合には、国際的な会計基準と同様に、不正に起因する影響も含めて定義することが考えられる（第87項）。

6 現行の「過去の誤謬」に関する原則的な取扱い

わが国における会計上の誤謬の取扱いに関する定めとしては、前期損益修正項目に関して定めた企業会計原則注解（注12）が考えられる。ここでいう前期損益修正項目は、過年度の損益計算に含まれていた計算の誤りあるいは不適当な判断を当期において発見し、その修正を行うことから生ずる損失項目または利得項目であると一般に考えられている。このように、わが国における会計上の誤謬の取扱いとしては、前期損益修正項目として当期の損益で修正する方法が示されており、過年度の誤謬を修正再表示する方法は定められていない。

その一方、わが国においては会計上の取扱いとは別に、制度上、証券取引法（金融商品取引法）に基づいて訂正報告書を提出し、そのなかで過年度財務諸表を修正再表示しなければならない場合がある（第89-90項）。

7 遡及修正（修正再表示）に関する考え方の整理

わが国においては、財務諸表に重要な影響を及ぼすような過去の誤謬が発見された場合、当該誤謬が金融商品取引法上の訂正報告書の提出事由に該当するときには、修正再表示を行うことになるため、修正再表示の枠組みは開示制度において手当て済みであるという考え方がある。さらに、訂正報告書の提出事由に該当しない誤謬についても、前期損益修正項目として特別損益に計上する現行の取扱いで足りるとするのであれば、現行の会計上の誤謬の取扱いを、特段変更する必要はないという考え方もある（第81項）。

国際的な会計基準においては、企業が自発的に会計方針の変更を行った場合や財務諸表の表示方法を変更した場合には、過去の財務諸表を新たに採用した方法で遡及処理し、これを表示することが求められている。比較情報として表示されている過去の財務諸表について、このような方法で遡及処理を行うことは、財務諸表の期間比較可能性と企業間の比較可能性を向上させ、財務諸表の意思決定有用性を高めることができるものと考えられている。わが国においても、2006（平成18）年5月に施行された会社計算規則により、これまでの商法では明示されていなかった過年度事項の修正を前提とした計算書類の作成および修正後の過年度事項の参考情報としての提供が妨げられないことが明確化されるなど、本テーマに関する会計基準開発を巡る環境が大きく変わりつつある（第4項）。

　過年度遡及修正を行った場合の過去の累積的影響額は、正規の会計においては当期に処理することになる。「検討状況の整理」では、この過去の累積的影響額に関する当期の会計処理について、（当期の損益に計上するのではなく）期首の利益剰余金に含めて処理するとしている。……「期首の利益剰余金に含めて」処理することは、当期において利益剰余金に加減して処理することとは違う。……「期首の利益剰余金に含めて」処理すれば、会計帳簿において期首の利益剰余金は前期末の利益剰余金残高とは異なるという異様なことが生じる。[5]

8　訂正報告書に関連する法令の定め

　訂正報告書を提出すべき定めとして、金融商品取引法には、「有価証券報告書及びその添付書類に記載すべき重要な事項の変更その他公益又は投資者保護のため当該書類の内容を訂正する必要があるものとして内閣府令で定める事情[6]があるときは、有価証券報告書の提出者は、訂正報告書を内閣総理大臣に提出しなければならない。これらの事由がない場合において、有価証券報告書の提出者が当該有価証券報告書及びその添付書類のうちに訂正を必要とするものがあると認めたときも、同様とす

る。」と規定されている。⁷⁾しかし、金融商品取引法の本文前段において定められている訂正報告書の提出理由は、開示すべき記載事項について、後日判明したり決定したりすることに伴う訂正を指示するもので、会計情報の訂正に関する自発的な訂正は、後段の有価証券報告書の提出者が「当該有価証券報告書及びその添付書類のうちに訂正を必要とするものがあると認めたとき」に該当することになる。すなわち、どのような会計情報の訂正について、訂正報告書の提出を要するか、についての定めがないだけでなく、どの程度の会計情報の訂正であれば訂正報告書の提出を要するかについても定めがなく、まさに、有価証券報告書等の提出者の自発的な意思に委ねられているのである。

9 監査証明を受けなければならない書類に関する法令の定め

有価証券報告書等に含まれる会計情報は、監査法人もしくは公認会計士の監査を受けなければならない。それにつき、金融商品取引法は次のように定めている。「金融商品取引所に上場されている有価証券の発行会社その他の者で政令で定めるものが、この法律の規定により提出する貸借対照表、損益計算書その他の財務計算に関する書類で内閣府令で定めるもの（「財務計算に関する書類」）には、その者と特別の利害関係のない公認会計士または監査法人の監査証明を受けなければならない。」（金融商品取引法第193条の2第1項）

そして、この条文の「財務計算に関する書類」の一つとして、訂正届出書又は訂正報告書において、前号の書類（（連結）財務諸表、（連結）中間財務諸表、（連結）四半期財務諸表）を訂正する書類、が掲げられている。したがって、訂正報告書に含まれる会計情報は監査を受けなければならない。⁸⁾

第5節　アメリカSECにおける年次報告書の提出および訂正制度

　アメリカの会計情報の訂正に関する制度および実務の状況をうかがい、わが国の実態と比較することも実態分析の課題の一つとなる。アメリカにおける監査の要否を含む年次報告書の提出および訂正制度は、おおよそ、次のとおりである。

　内国企業は Form 10-K、外国企業 Form 20-F として規定されており、その訂正報告書は /A をつけて表記され、Form 10-K/A もしくは Form 20-F/A と示されている。

　訂正報告書に関するアメリカの取り扱いに関しては、次のような要求がある。1934年の証券取引所法に基づく提出物の訂正に際しては、単なる言葉や数字列の改訂ではなく、訂正された項目の完全な開示が提出されることが求められていることに注意することが重要である。たとえば、【ビジネス】の記述に情報を追加するために Form 10-K の訂正を提出しようとする発行者は、Form 10-K の item 1【ビジネス】の全体を修正再表示しなければならない。財務諸表と監査報告書は一つの item（項目）として提出されるため、財務諸表と監査報告書全体の再提出が求められる[9]。したがって、訂正報告書に含まれる会計情報は監査を受けなければならないことはアメリカにおいても同様なのである。[10]

〔注〕

1)　http://www.mof-kantou.go.jp/frames/disclo/index.htm（有価証券報告書等の受理件数（平成20年））
2)　井端和男 [2008],pp.9-10。
3)　たとえば、訂正有価証券報告書に記載されている提出理由に次のようなコメントが付されている事例も少なくない。「会社法の計算書類及び連結計算書類に

第11章　訂正有価証券報告書における会計情報の訂正動向　　163

つきましては、年度ごとに訂正をおこなわず、第60期（自 平成18年4月1日 至 平成19年3月31日）に一括して処理しております。」日特建設平成19年7月5日提出有価証券報告書の訂正報告書【有価証券報告書の訂正報告書の提出理由】より

4) 会社法では、会計方針の変更その他の正当な理由により、過年度事項が当該事業年度より前の事業年度に報告等をしたものと異なっているときは、修正後の過年度事項を提供することを妨げないとされている（会社計算規則第161条第3項）。しかし、これは、過年度に確定した決算を修正するものではなく、これによって過去に確定した計算書類が変更されるものではないと解されている。

5) 安藤英義［2008］, p.3.

6) この事情については、企業内容開示府令第11条（有価証券届出書の自発的訂正）に次の事情が定められている。本条の有価証券届出書の規定が有価証券報告書に準用されている。
①その提出日前に発生したその有価証券届出書またはその添付書類に記載すべき重要な事実で、これらの書類を提出する時にはその内容を記載することができなかつたものにつき、記載することができる状態になったこと
②その有価証券届出書またはその添付書類に記載すべき事項に関し重要な事実が発生したこと
③有価証券届出書に記載すべき事項で当該有価証券届出書に記載しなかつたものにつき、その内容が決定したこと

7) 金融商品取引法第24条の2で準用する金融商品取引法第7条（訂正届出書の自発的提出。

8) 財務諸表の監査証明に関する内閣府令第1条（監査証明を受けなければならない財務計算に関する書類の範囲）第十五号。

9) 連結財務諸表と監査報告書は、アメリカの年次報告書 Form 10-K の"item 8"に記載される。

10) Coopers & Lybrand[1997], p.317.

第12章

訂正有価証券報告書の会計情報の訂正事例

第1節 訂正事例分析の設計

1 訂正事例分析の目的

　本章では、訂正有価証券報告書に含まれる会計情報の訂正事例の実態を1カ年にわたり分析して、有価証券報告書の訂正動向から企業内容開示にどのような展開がうかがえるかについてとりまとめている。また、その会計情報の訂正事例に関して監査がどのような関わりを示したかについて把握するため、監査報告書の添付の有無についても集計するほか、いくつかの事案に関しては、企業情報開示の視点から監査報告書の添付の有無の影響について訂正事例を分析して考察している。会計上の訂正と監査報告の関係については、アメリカの実例も交えて検討している。訂正有価証券報告書の提出は、有価証券報告書提出会社の自発的な開示ではあるが、有価証券報告書に多量な開示情報が含まれていることを考慮すれば、誤謬の訂正などは、むしろ致し方のない不可避的な事象と考えることもできる。この際に有価証券報告書提出者が投資者にどのよう

に訂正内容を伝えるかは、訂正情報が重視され訂正事例が増加する今後の課題とも考えられる。本章の訂正内容の分析では企業情報の読者の視点を考慮して当該訂正の影響を検討している。

2 訂正事例の収集方法

有価証券報告書の訂正報告書の事例収集は、以下の方法および方針に基づいて行った。

有価証券報告書の記載に適用される「企業内容の開示に関する内閣府令 第三号様式」では、有価証券報告書の記載項目は、第一部【企業情報】と第二部【提出会社の保証会社等の情報】に区分され、有価証券報告書の提出会社の企業グループの情報は、【企業情報】に記載されている。この【企業情報】は第１から第７までに区分されており、その構成は第１【企業の概況】、第２【事業の状況】、第３【設備の状況】、第４【提出会社の状況】、第５【経理の状況】、第６【提出会社の株式事務の概要】、および第７【提出会社の参考情報】となっている。また、それぞれの区分の下に多くの記載項目が設定されており、項目名については【隅付き括弧】で示されている。(ここでの記載のみ第三号様式と同様に【隅付き括弧】で示した。)本章の事例分析は、監査対象の会計情報である財務諸表の数値および注記の訂正を対象としており、それらは、第５「経理の状況」に含まれている。ただし、「経理の状況」は、「2 財務諸表等 (2)主な資産及び負債の内容」、「1 連結財務諸表等 (2)その他」および「2 財務諸表等 (3)その他」の監査対象外の記載も含んでおり、事例収集の便宜から、これらについても事例収集の対象とした上で個別に分類集計して分析対象としている。

有価証券報告書の訂正報告書の事例を収集するために EDINET から次の方法で事例を収集した。

・検索条件：全文検索「検索キーワード」経理の状況
・「期間（提出日）」平成19年7月1日から平成20年6月30日
・「対象書類」「府令」企業内容等の開示に関する内閣府令

・「書類種別」訂正有価証券報告書、「様式」第三号様式訂正有価証券報告書

　これらにより、抽出された訂正件数は791件である。

　会計情報の訂正における訂正状況の分類に際して、訂正項目の区分は、第三号様式の項目区分（おおよそ【隅付き括弧】の部分）ならびに連結財務諸表規則および財務諸表等規則の注記事項を参考に、財務会計基準機構の「有価証券報告書の作成要領」の目次項目に分類した。この「有価証券報告書の作成要領」は、有価証券報告書作成実務の模範となっており有価証券報告書提出企業において多く用いられていることから、採用した訂正項目の分類は、他の分析との比較や今後の継続的な分類集計にも適用可能であると考えている。本章の事例分析の分類集計の状況を示すため、分析結果の要約を本章末に示している。

3　過年度有価証券報告書（過年度会計数値）の訂正状況

　791件の訂正有価証券報告書のうち、複数年度の会計情報を訂正するため、一時に複数の訂正報告書を提出しているものが多く認められた。複数年度の訂正は、791件の訂正有価証券報告書のうち、のべ132社による405の訂正報告書であった。これにより、調査対象期間において、のべ518社（＝791−405+132）が経理の状況の訂正に係る訂正有価証券報告書を合計で791通提出していることになる。過去の複数年度の訂正を一度に行った132社は、大雑把にとらえると、平均3カ年分の訂正を行っているといえる。また、この518社という会社数は、のべ社数とはいえ有価証券報告書の提出会社もしくは上場会社の1割を超えており、経理の状況に係る過年度有価証券報告書の訂正、すなわち会計情報の訂正は、今日、通常の開示実務ということができよう。

【図表12-1 「経理の状況」の訂正事例の傾向分析】

1 連結財務諸表等			586
(1) 連結財務諸表			
	①連結貸借対照表		109
	②連結損益計算書		89
	③連結株主等変動計算書		61
	④連結キャッシュ・フロー計算書		109
	継続企業の前提に重要な疑義を抱かせる事象又は状況		9
	連結財務諸表作成のための基本となる重要な事項		89
		連結財務諸表作成のための基本となる重要な事項の変更	66
		表示方法の変更	19
		追加情報	11
	注記事項		490
	(注記事項の内訳)	連結貸借対照表関係	99
		連結損益計算書関係	38
		連結株主持分等変動計算書関係	9
		連結キャッシュ・フロー計算書関係	10
		リース取引関係	66
		有価証券関係	31
		デリバティブ取引関係	16
		退職給付取引関係	28
		ストックオプション等関係	30
		税効果会計関係	70
		企業結合関係	3
		セグメント情報	109
		関連当事者との取引	123
		1株当たり情報	78
		重要な後発事象	33
	⑤附属明細表		31
	(附属明細表の内訳)	社債明細表	13
		借入金等明細表	24
(2) その他			6
2 財務諸表等			408
(1) 財務諸表			
	①貸借対照表		115
	②損益計算書		100
	製造原価明細表		39
	③株主資本等変動計算書		74
	継続企業の前提に重要な疑義を抱かせる事象又は状況		14
	重要な会計方針		34
	会計処理方法の変更		24
	表示方法の変更		27
	追加情報		12

注記事項		281
（注記事項の内訳）	貸借対照表関係	83
	損益計算書関係	50
	株主資本等変動計算書関係	4
	リース取引関係	50
	有価証券関係	7
	税効果会計関係	65
	企業結合関係	2
	1株当たり情報	79
	重要な後発事象	43
④附属明細表		79
（附属明細表の内訳）	有価証券明細表	36
	有形固定資産等明細表	37
	引当金明細表	30
(2) 主な資産及び負債の内容		91
(3) その他		9
監査報告書		95

（出所：筆者集計）

第2節 「経理の状況」訂正内容の傾向

　【図表12-1】は、2007（平成19）年7月1日から2008（平成20）年6月30日に提出された第三号様式[1]有価証券報告書の訂正報告書のうち「経理の状況」の訂正を検索し、検索サンプルに含まれる「経理の状況」の訂正項目を集計したものである。

　【図表12-1】は、項目別の訂正件数をカウントしているが、1通の訂正有価証券報告書で複数箇所の訂正を行う場合もあり、大中項目の数値と詳細項目の数値の計は一致しない。【図表12-1】の訂正状況のうち件数の多い項目のおおよその訂正内容は以下のとおりであった。

①連結貸借対照表
　　注記番号の訂正、合計金額の訂正、複数科目間の科目間の金額の入り繰りによる訂正など表示の組替えに起因すると思われるもの、構成比の訂正

②連結損益計算書

　注記番号の訂正、金額の訂正その他との金額の入り繰りによる訂正など表示の組替えに起因すると思われるもの、百分比の訂正

③連結キャッシュ・フロー計算書

　合計小計等計の不一致、金額の入り繰りによる訂正など表示の組替えに起因すると思われるもの

④連結財務諸表作成のための基本となる重要な事項

　「連結の範囲に関する事項」の訂正、「持分法の適用に関する事項」の訂正

⑤注記事項（連結貸借対照表関係）

　金額の訂正（特に担保注記）、保証債務の訂正

⑥注記事項（税効果会計関係）

　「繰延税金資産及び繰延税金負債の発生の主な原因別の内訳」の金額訂正、「法定実効税率と税効果会計適用後の法人税等の負担率との差異の原因となった主な項目別の内訳」の比率訂正

⑦注記事項（セグメント情報）

　セグメント間の入り繰り等金額の訂正、資産の金額の訂正

⑧注記事項（関連当事者との取引）

　取引全体の記載もれ、議決権の所有割合の訂正、取引金額・期末残高の訂正

⑨注記事項（1株当たり情報）

　「普通株式増加数」の訂正、「1株当たり金額」の訂正

⑩注記事項（重要な後発事象）

　後発事象の各属性にわたり詳細内容の訂正

⑪監査報告書

　日付の訂正、追記情報の追加・記載洩れによる訂正、監査証明との同時提供が認められる公認会計士法第2条第2項の業務を継続的に行っている場合の利害関係の付記事項の訂正

第3節　訂正事例の個別分析

【図表12-2】は「経理の状況」の訂正791件のうち「経理の状況」の記載箇所の訂正と監査報告書の訂正の関係内訳であり、【図表12-3】は「経理の状況」の訂正791件のうちの監査報告書の訂正件数の内訳である。2007年（平成19）年7月～2008（平成20）年6月の調査期間に訂正有価証券報告書の「経理の状況」の記載内容の訂正が766件あり、そのうち、70件について監査報告書が添付されている。有価証券報告書提出会社が、「経理の状況」の会計情報を訂正し、これについて、新たに監査報告書を受け訂正報告書を提出することは、監査報告書の訂正というよりは、再監査という状況であるが、本章では監査報告書の訂正と区分している。したがって、監査報告書の訂正事例は、同調査期間に

【図表12-2】「経理の状況」記載箇所の訂正状況（監査報告書の有無）

経理の状況の記載箇所の訂正	766
監査報告書の添付のあるもの	70
監査報告書の添付のないもの	696
監査報告書のみの訂正	25
合計	791

【図表12-3】監査報告書の訂正件数の内訳

監査報告書の訂正	25
経理の状況の訂正による監査報告書の添付	70
監査報告書の訂正件数	95
（監査報告書の添付のない経理の状況の訂正）	696
合計	791

95件となっている。

　「経理の状況」の会計情報の訂正766件のうち、監査報告書が添付されているのは70件となっており、会計情報の訂正事案の約1割弱が監査報告書を添付している、すなわち、再度監査を行っている、ことがわかる。ここでは、このような監査報告書の添付状況も踏まえながら、会計情報の訂正のいくつかを示して訂正内容等を検討していく。

　あわせて、アメリカでの訂正事例も参考にしながら、日米において同様の趣旨で提出・公表されている開示書類、すなわち有価証券報告書もしくはForm 10-Kの訂正事案について、その取扱いの差異を示して検討する。

1 A社（継続企業の前提の記載内容の訂正）

(訂正前)

回次		第9期	第10期	第11期	第12期	第13期
決算年月						平成18年12月
売上高	(千円)					4,088,139
経常利益又は経常損失(△)	(千円)					△211,374
当期純利益又は当期純損失(△)	(千円)					△743,860
純資産額	(千円)					3,789,640
総資産額	(千円)					5,061,857
1株当たり純資産額	(円)					38,708.04
1株当たり当期純利益又は当期純損失(△)	(円)					△7,889.45
潜在株式調整後1株当たり当期純利益	(円)					—
自己資本比率	(％)					72.1
自己資本利益率	(％)					△18.5
株価収益率	(倍)					△8.0
営業活動によるキャッシュ・フロー	(千円)					△828,965
投資活動によるキャッシュ・フロー	(千円)					△307,386
財務活動によるキャッシュ・フロー	(千円)					△34,500
現金及び現金同等物の期末残高	(千円)					1,158,142
従業員数(外、平均臨時雇用者数)	(人)					138(15)

(訂正後)

第13期
平成18年12月
4,088,139
△240,878
△696,385
3,789,640
5,061,857
39,864.27
△7,385.88
—
74.3
△17.1
△4.3
△828,965
△307,386
△34,500
1,158,142
138(15)

(注)〈略〉

(訂正前)

継続企業の前提に重要な疑義を抱かせる事象又は状況

当連結会計年度
（自　平成18年1月1日
　至　平成18年12月31日）
（前文省略）
1. 第13期連結会計年度までの取り組みについて
当社グループは、第13期連結会計年度におきまして、事業再構築損、子会社整理損等の特別損失を <u>704,118</u> 千円計上し、……
（以下省略）

(訂正後)

継続企業の前提に重要な疑義を抱かせる事象又は状況

当連結会計年度
（自　平成18年1月1日
　至　平成18年12月31日）
（前文省略）
1. 第13期連結会計年度までの取り組みについて
当社グループは、第13期連結会計年度におきまして、事業再構築損、子会社整理損等の特別損失を <u>627,138</u> 千円計上し、……
（以下省略）

監査報告書が添付されていない継続企業の前提に疑義のある会社の訂正事例である。訂正内容は、のれん（連結調整勘定）の減損である「のれん償却額」を 76,980 千円減少させ、販売費および一般管理費を 29,504 千円増加させる修正であり、のれんの減損損失の計算方法を誤ったものと見ることができる。関連する子会社の 11 月末現在ののれんの評価額を全額減損処理していたが、12 月末現在ののれんの評価額を全額減損処理するように修正がなされていることが、「のれん償却額」の科目の説明注記で付されているが、なぜ、損失計上額が 47,475 千円減少するのかの説明はない。

　当該企業は、「継続企業の前提に疑義に重要な疑義を抱かせる事象又は状況」があることから監査報告書にも追記情報が記載されている。過去 5 年間の当期純損益の状況は、当期純利益 1 億円から当期純損失 7 億円程度の振幅であることを考慮すれば、47 百万円程度の純損益および純資産の増加は僅少とはいえないと考える。監査報告書を添付する対応もあったのではないかと思われる。

　一方、「継続企業の前提に疑義に重要な疑義を抱かせる事象又は状況」がすでに付されていることから、純資産が増加する修正でもあり、監査報告書が添付されていなくとも、投資者への影響は限定的な訂正事案ということがいえるかもしれない。ただし、訂正内容が会社の説明だけでは理解できないのは気にかかるところである。

2 B社（売上・売上原価の相殺）

(訂正前)

区分	注記番号	前連結会計年度 （自 平成17年4月1日 至 平成18年3月31日）		当連結会計年度 （自 平成18年4月1日 至 平成19年3月31日）	
		金額（百万円）	百分比(%)	金額（百万円）	百分比(%)
Ⅰ 売上高		151,105	100	150,991	100
Ⅱ 売上原価	※2	134,290	88.9	135,166	89.5
売上総利益		16,814	11.1	15,824	10.5

↓訂正後

(訂正後)

区分	注記番号	前連結会計年度 （自 平成17年4月1日 至 平成18年3月31日）		当連結会計年度 （自 平成18年4月1日 至 平成19年3月31日）	
		金額（百万円）	百分比(%)	金額（百万円）	百分比(%)
Ⅰ 売上高		160,067	100	160,892	100
Ⅱ 売上原価	※2	143,252	89.5	145,067	90.2
売上総利益		16,814	10.5	15,824	9.8

(訂正前)

回次	第78期	第79期	第80期	第81期	第82期
決算年月	平成15年3月	平成16年3月	平成17年3月	平成18年3月	平成19年3月
売上高 （百万円）	145,932	155,199	158,456	151,105	150,991

↓訂正後

(訂正後)

回次	第78期	第79期	第80期	第81期	第82期
決算年月	平成15年3月	平成16年3月	平成17年3月	平成18年3月	平成19年3月
売上高 （百万円）	145,932	157,090	163,999	160,067	160,892

　訂正報告書の訂正理由には、「○○事業の売上高に関する内部取引に係る消去金額が過大であり、これにより同額過少に表示されておりました売上高及び売上原価の金額を訂正しております。」と記されている。連結財務諸表作成に係る内部取引の相殺消去が過大であり、売上および売上原価が同額過少となっていることから4期間にわたって訂正するものである。訂正報告書には監査報告書は添付されていない。
　この訂正は、売上高と売上原価が同額過少であることを修正するもの

であり、上記事例には売上総利益の修正はなく、一連の訂正報告書の内容には、利益や純資産に関する影響はない。その意味で、この訂正が投資者に与える影響も限定的であると考えられる。しかし、たとえば、2007（平成 19）年 3 月期の売上高は、150,991 百万円から 160,892 百万円へ 99 億円（6.5％）も増加している。このような状況は、すでに監査報告書を添付して提出した有価証券報告書に含まれる損益計算書と異なる連結損益計算書が会社から改めて提出されたものと考えるべきではないだろうか。

　数期間にわたって、内部取引高が何十億円も誤って財務会計部門に報告される体制で連結財務諸表が作成されてきているにもかかわらず、他の財務会計要素に全く影響を及ぼしていないということは通常考えにくいとも思われる。また、監査上も追加的な監査手続を行わずに、今回の数期間にわたる内部取引高の集計誤りを例外的な集計ミスと判断しているはずがないであろう。

　これらを考えると、利益および純資産に影響を及ぼさないこの訂正事例についても、監査報告書を添付する対応が望まれたのではないかと考える。一方、本事例では、訂正有価証券報告書が提出された 4 期間の間に監査人の変更が起こっている。このような事柄も、本事例について監査報告書が添付されずに訂正有価証券報告書が提出された事情となっている可能性があるのではないかと考える。

3 C社（繰延税金負債の計上もれ）

(訂正前)

回次		第1期	第2期	第3期
決算年月		平成17年3月	平成18年3月	平成19年3月
売上高	百万円	747,181	719,275	737,510
経常利益	百万円	11,237	12,084	11,093
当期純利益 （△は純損失）	百万円	△15,143	4,647	1,617
純資産額	百万円	38,563	46,431	62,050
総資産額	百万円	399,345	384,664	384,275
1株当たり純資産額	円	62.05	87.07	116.53
1株当たり当期純利益金額 （△は純損失金額）	円	△50.81	14.12	4.49
潜在株式調整後1株当たり当期純利益金額	円	－	11.7	4.21
自己資本比率	%	9.7	12.1	12.6
自己資本利益率	%	－	10.9	3.4
株価収益率	倍	－	18.98	49.44
〈略〉				

↓訂正後↓

(訂正後)

回次		第1期	第2期	第3期
決算年月		平成17年3月	平成18年3月	平成19年3月
売上高	百万円	747,181	719,275	737,510
経常利益	百万円	11,237	12,084	11,093
当期純利益 （△は純損失）	百万円	△15,143	4,482	1,549
純資産額	百万円	38,563	44,122	59,673
総資産額	百万円	399,345	384,577	384,275
1株当たり純資産額	円	62.05	79.34	109.82
1株当たり当期純利益金額 （△は純損失金額）	円	△50.81	13.57	4.28
潜在株式調整後1株当たり当期純利益金額	円	－	11.28	4.03
自己資本比率	%	9.7	11.5	12
自己資本利益率	%	－	10.8	3.4
株価収益率	倍	－	19.75	51.87
〈略〉				

(訂正前)

区分	注記番号	前連結会計年度 (平成18年3月31日) 金額（百万円）	構成比 （%）	当連結会計年度 (平成19年3月31日) 金額（百万円）	構成比 （%）
Ⅱ　固定負債 　2. 繰延税金負債		1,829		3,441	
(資本の部) Ⅲ　利益剰余金		9,844	2.6	－	－
(純資産の部) 　3. 利益剰余金		－	－	10,740	2.8

訂正後 ↓

(訂正後)

Ⅱ　固定負債 　2. 繰延税金負債		4,051		5,817	
(資本の部) Ⅲ　利益剰余金		7,535	2	－	－
(純資産の部) 　3. 利益剰余金		－	－	8,364	2.2

前年度である2006（平成18）年3月期における1億円程度の繰延税金資産の取崩しもれおよび22億円程度の繰延税金負債の計上もれの修正であり、前年度の利益剰余金が23億円減少している。当年度はその修正がそのまま当年度の繰延税金負債と利益剰余金の修正となっている。訂正報告書には監査報告書は添付されていない。

 2006（平成18）年3月期の利益剰余金を訂正するにもかかわらず、その前の年度の損益計算書の訂正を行っていないため、また、連結財務諸表だけを訂正する訂正報告書の提出であることからも、おそらく、組織再編等により新たに連結範囲に加わった会社に関する年度末の連結財務諸表作成のための会計処理において、計上しておくべき繰延税金負債の計上を失念したこと等によるものと思われる。

 2006（平成18）年3月期の純資産は、訂正により46,431百万円から44,122百万円へ減少しており、5％程度減少している。前年度の訂正とはいえ、そのまま同額で当年度の純資産が減少しているものであり、この程度の訂正に監査報告書を添付しない監査の実務対応は相応なのだろうか。上述のように、監査証明府令では、連結財務諸表をはじめとする「経理の状況」の訂正には、公認会計士または監査法人の監査証明を受けなければならないことが明示されているのである。

4　D社（担保提供資産の記載もれ）

(修正前)

前連結会計年度 （平成18年3月31日）	当連結会計年度 （平成19年3月31日）
※1　非連結子会社に対するものは次のとおりであります。 投資その他の資産「その他」（出資金）3,000千円	※1　────────
※2　────────	※2　担保に供している資産並びに担保付債務は次のとおりであります。 工場財団抵当に供している資産 　建物及び構築物　　　　256,264 千円 　機械装置及び運搬具　　463,596 千円 　土地　　　　　　　　　240,378 千円 　計　　　　　　　　　　960,239 千円 工場財団抵当に対応する債務 　短期借入金　　　　　　910,315 千円 　長期借入金　　　　　　 61,937 千円 　計　　　　　　　　　　972,252 千円
※3　当社の発行済株式総数は、普通株式49,740株であります。	※3　────────
※4　当社が保有する自己株式の数は、普通株式810株であります。	※4　────────

訂正後 ⇓

(修正後)

前連結会計年度 （平成18年3月31日）	当連結会計年度 （平成19年3月31日）
※1　非連結子会社に対するものは次のとおりであります。 投資その他の資産「その他」（出資金）3,000千円 <u>※2　担保に供している資産</u> 　<u>当社グループでの営業投資先の債務に対し、担保提供を行っております。</u> 　<u>営業投資有価証券　　1,696,854 千円</u>	※1　────────
	※2　担保に供している資産並びに担保付債務は次のとおりであります。 (1) 工場財団抵当に供している資産 　建物及び構築物　　　　256,264 千円 　機械装置及び運搬具　　463,596 千円 　土地　　　　　　　　　240,378 千円 　計　　　　　　　　　　960,239 千円 (2) 工場財団抵当に対応する債務 　短期借入金　　　　　　910,315 千円 　長期借入金　　　　　　 61,937 千円 　計　　　　　　　　　　972,252 千円

※3 当社の発行済株式総数は、普通株式 49,740 株であります。 ※4 当社が保有する自己株式の数は、普通株式 810 株であります。	(3) 当社グループでの営業投資先の債務に対し、担保提供を行っております。 営業投資有価証券　3,457,526 千円 ※3　———— ※4　————

　担保に供している資産の記載もれである。上記の「経理の状況」に関する訂正有価証券報告書の全体の訂正傾向でも指摘したように貸借対照表注記の担保資産注記のもれは、訂正事案が多い訂正事由である。しかし、本事例は有価証券報告書提出会社の純資産等に比して巨額であり、安全性等資金調達に関連する財務数値・指標に対して大きな影響があると思われる訂正である。

　当該会社は企業再生等を目的とする投資事業を行っており、2006（平成18）年3月期に純資産を23億円から52億円に、2007（平成19）年3月期に約100億円に増加させているが、それは、関連するファンドの連結子会社化等によるものである。営業投資有価証券の担保提供は、その投資資金の調達のためのものと考えられる。2006（平成18）年3月期の純資産52億円のうちの17億円、2007（平成19）年3月期の純資産100億円のうちの34億円の担保注記の計上もれは、もし、資金調達実務に詳しい情報利用者であればすぐマチガイに気づくという程度の判然とした連結財務諸表の作成誤りかもしれない。平凡であるが重大な誤りであり、是非とも監査報告書が再発行されるべき事例と考えるが、監査人に変更が生じている事例でもある。

5 E社（関連当事者との取引の記載もれ）

【関連当事者との取引】
当連結会計年度（自 平成17年4月1日 至 平成18年3月31日）
（訂正前）
役員及び個人主要株主等

属性	会社等の名称	住所	資本金又は出資金（千円）	事業の内容又は職業	議決権等の所有（被所有）割合（%）	関係内容 役員の兼任等（人）	関係内容 事業上の関係	取引の内容	取引金額（千円）	科目	期末残高（千円）
役員及びその近親者が議決権の過半数を所有している会社等（当該会社等の子会社を含む）	株式会社甲（注2）	○○県○○市	10,000	出版プロデュース、製作及び編集	なし	1	販促物の製作及び企画運営	販促物の製作（注4）	39,065	未払金	8,748

(注) 1. 記載しております金額については、取引高については消費税等は含まれておりませんが、債権債務の期末残高には消費税等を含んでおります。
2. ○○○……
3. ○○○……
4. 取引条件については、市場価格を勘案して一般的取引条件と同様に決定しております。

訂正後 ⇨

(訂正後)
役員及び個人主要株主等

属性	会社等の名称	住所	資本金又は出資金(千円)	事業の内容又は職業	議決権等の所有(被所有)割合(%)	関係内容 役員の兼任等(人)	関係内容 事業上の関係	取引の内容	取引金額(千円)	科目	期末残高(千円)
役員及びその近親者がその近親者の過半数を所有している会社等(当該会社等の子会社を含む)	株式会社乙 (注5,6)	○○県○○市	10,000	有価証券の保有及び運用	(被所有)直接12.32	1	—	有価証券の購入	777,544	—	—
	株式会社甲 (注2)	○○県○○市	10,000	出版プロデュース、製作及び編集	なし	1	販促物の製作及び企画運営	販促物の製作(注4)	39,065	未払金	8,748

(注)1. 記載しております金額について、取引高については消費税等は含まれておりませんが、債権債務の期末残高には消費税等を含んでおります。
2. ○○○……
3. ○○○……
4. 取引条件については、市場価格を勘案して一般的取引条件と同様に決定しております。
5. 「法人主要株主」(個人主要株主及び近親者内及び近親者が議決権の過半数を所有している会社等)にも該当しております。
6. 当社代表取締役内及び近親者が議決権の100%を直接所有しており、当社との取引条件については、株価算定評価に基づいて決定しております。

関連当事者との取引の注記も、上記の「経理の状況」に関する訂正有価証券報告書の全体の訂正傾向で指摘した訂正事案が多い訂正事由である。特に、本事例は、オーナーである「役員および個人主要株主等」に該当する者との取引の記載もれであり、それは、(注)6.によっても明らかである。記載もれが生じやすい事案の一つであるが、質的には大変重要な誤りの訂正であり、関連当事者との取引の注記の趣旨からすると、このような記載もれはあってはならず、監査報告書の再発行を伴ってしかるべきものともいえる。2009（平成21）年3月期から内部統制監査が適用されているが、その下でこのような記載もれが連結財務諸表作成プロセスにおいて会社内部で防止できなければ、「全社的な内部統制」や「決算・財務報告プロセス」の内部統制に「重要な欠陥」があるとされるかもしれない。

6 F社（財務制限条項の記載もれ）

2【財務諸表等】
(1)【財務諸表】
　注記事項
　　（貸借対照表関係）
（訂正前）

前事業年度 （平成18年3月31日）	当事業年度 （平成19年3月31日）
（省略） ※9．配当制限 一年以内に返済予定の長期借入金及び長期借入金のうち2,130百万円については、特定の条件に抵触した場合、借入人及び貸付人は契約の終了を猶予するための協議を行うことになっております。当該条件のうち配当支払に関するものは以下のとおりであります。（複数ある場合は、条件の厳しい方を記載しております。） (1) 各事業年度末及び中間事業年度末の連結貸借対照表における資本の部の金額を前事業年度末（中間事業年度末も含む）比75％以上、かつ8,739百万円に維持すること。 (2) 各事業年度末及び中間事業年度末における貸借対照表における資本の部の金額を前事業年度末（中間事業年度末も含む）比75％以上、かつ10,441百万円に維持すること。 (3) 各事業年度における連結損益計算書に示される経常損益が当連結事業年度以降の決算期につき、2期連続して損失となること。 (4) 各事業年度における単体の損益計算書に示される経常損益が当事業年度以降の決算期につき、2期連続して損失となること。 その他有価証券評価差額金は商法施行規則第124条第3号の規定により、配当に充当することが制限されております。 土地再評価差額金は、土地の再評価に関する法律第7条の2第1項の規定により、配当に充当することが制限されております。 （省略）	（省略） ※9．　　　　――――― （省略）

訂正後

(訂正後)

前事業年度 (平成18年3月31日)	当事業年度 (平成19年3月31日)
(省略)	(省略)
※9. 配当制限 一年以内に返済予定の長期借入金及び長期借入金のうち2,130百万円については、特定の条件に抵触した場合、借入人及び貸付人は契約の終了を猶予するための協議を行うことになっております。当該条件のうち配当支払に関するものは以下のとおりであります。(複数ある場合は、条件の厳しい方を記載しております。) (1) 各事業年度末及び中間事業年度末の連結貸借対照表における資本の部の金額を前事業年度末(中間事業年度末も含む)比75%以上、かつ8,739百万円に維持すること。 (2) 各事業年度末及び中間事業年度末における貸借対照表における資本の部の金額を前事業年度末(中間事業年度末も含む)比75%以上、かつ10,441百万円に維持すること。 (3) 各事業年度における連結損益計算書に示される経常損益が当連結事業年度以降の決算期につき、2期連続して損失となること。 (4) 各事業年度における単体の損益計算書に示される経常損益が当事業年度以降の決算期につき、2期連続して損失となること。 その他有価証券評価差額金は商法施行規則第124条第3号の規定により、配当に充当することが制限されております。 土地再評価差額金は、土地の再評価に関する法律第7条の2第1項の規定により、配当に充当することが制限されております。	※9. 配当制限 一年以内に返済予定の長期借入金及び長期借入金のうち793百万円については、特定の条件に抵触した場合、借入人及び貸付人は契約の終了を猶予するための協議を行うことになっております。当該条件のうち配当支払に関するものは以下のとおりであります。 (1) 各事業年度末及び中間事業年度末の連結貸借対照表における純資産の部の金額を前事業年度末(中間事業年度末も含む)比75%以上、かつ8,739百万円に維持すること。 (2) 各事業年度末及び中間事業年度末における貸借対照表における純資産の部の金額を前事業年度末(中間事業年度末も含む)比75%以上、かつ10,441百万円に維持すること。 (3) 各事業年度における連結損益計算書に示される経常損益が当連結事業年度以降の決算期につき、2期連続して損失となること。 (4) 各事業年度における単体の損益計算書に示される経常損益が当事業年度以降の決算期につき、2期連続して損失となること。
(省略)	(省略)

本事例は、配当制限の貸借対照表注記の記載もれである。F社は、資金調達に関連して金融機関等と財務制限条項の取り決めがあり、その条項、すなわち、上記の事例であれば、純資産の減少や経常損失の計上に関する条件、に抵触すれば、現在より厳しい条件での資金調達が強いられることから、純資産の金額を一定以上に保たなければならないという

条件が実質的な配当制限になり得るとして、配当制限の貸借対照表注記を付している。

この内容の注記を、配当制限の注記[2]と考えるか、利害関係人が会社の財政および経営の状況に関する適正な判断を行うために必要と認められる事項の注記[3]と考えるかは別として、このような財務制限条項の存在に関する情報は、情報利用者にとって欠くべからざるものと考える。特に、前年度において記載されている財務制限条項が当年度に記載されていなければ、情報利用者は、当該資金調達に関する制限がなくなったものと考えるのが通常であり、情報利用者をミスリードしかねない大きな誤りともいえる。

このような訂正事案は単純な記載もれともいえるが、質的には特に重要な訂正事案といえ、この有価証券報告書の「経理の状況」の訂正は監査人が了知し承認した訂正なのかなど、監査人がどのように対応しているかは、情報利用者にとっては関心事でもある。監査報告書を添付することが義務づけられていながらも実務上実践されていない未解決な問題であり、開示制度もしくは開示実務として解決していかなければならない問題であると考えられる。

7 G社（セグメント情報の記載もれ）

1 【連結財務諸表等】
(1) 【連結財務諸表】
注記事項
（セグメント情報）
【所在地別セグメント情報】
（訂正前）
前連結会計年度（自　平成17年4月1日　至　平成18年3月31日）
　本邦の売上高及び資産の金額は、全セグメントの売上高の合計及び全セグメントの資産の金額の合計額に占める割合がいずれも90％を超えているため、所在地別セグメント情報の記載を省略しております。

当連結会計年度（自　平成18年4月1日　至　平成19年3月31日）
　本邦の売上高及び資産の金額は、全セグメントの売上高の合計及び全セグメントの資産の金額の合計額に占める割合がいずれも90％を超えているため、所在地別セグメント情報の記載を省略しております。

↓ 訂正後

（訂正後）
前連結会計年度（自　平成17年4月1日　至　平成18年3月31日）
　本邦の売上高及び資産の金額は、全セグメントの売上高の合計及び全セグメントの資産の金額の合計額に占める割合がいずれも90％を超えているため、所在地別セグメント情報の記載を省略しております。

当連結会計年度（自　平成18年4月1日　至　平成19年3月31日）

	日本 （千円）	アジア （千円）	計 （千円）	消去又は 全社 （千円）	連結 （千円）
Ⅰ　売上高及び営業損益					
売上高					
(1) 外部顧客に対する売上高	15,737,117	466,072	16,203,190	—	16,203,190
(2) セグメント間の内部売上高又は振替高	29,933	—	29,933	-29,933	—
計	15,767,051	466,072	16,233,124	-29,933	16,203,190
営業費用	14,551,924	481,308	15,033,233	426,537	15,459,771
営業利益又は営業損失（△）	1,215,127	△15,236	1,199,890	-456,471	743,418
Ⅱ　資産	4,129,131	809,870	4,939,002	1,336,146	6,275,148

(注) 1　国又は地域は、地理的近接度により区分しております。
　　　2　本邦以外の区分に属する主な国又は地域の内訳は次のとおりであります。
　　　　　アジア・・・・・・・・・タイ王国、台湾
　　　3　営業費用のうち、消去又は全社の項目に含めた配賦不能営業費用（451,414千円）の主なものは、当社の総務部門等管理部門に係る費用であります。
　　　4　資産のうち、消去又は全社の項目に含めた全社資産（1,361,849千円）の主なものは、当社での余資運用資金（現金及び預金）、長期投資資金（投資有価証券等）及び管理部門に係る資産等であります。

(追加情報)
　当社グループは従来より、日本とアジアにおける事業を展開しておりましたが、アジアにおける店舗の増加等によって、アジアの資産の金額が全セグメントの資産の金額の10％を超えたため、当連結会計年度から所在地別セグメント情報を記載しております。
　なお、前連結会計年度の所在地別セグメント情報は、次のとおりであります。

　　　　　（以下省略・・・）

　G社は、外食店舗展開に関わる飲食事業を営んでいるが、2007（平成19）年3月期の連結財務諸表において【所在地別セグメント情報】を記載もれしてしまったようである。当初、本邦の売上高および資産の金額の全セグメントの売上高の合計および全セグメントの資産の金額の合計額に占める割合がともに90％を超えているとしていたが、訂正文言によると、アジアにおける店舗の増加等によって、アジアの資産の金額が全セグメントの資産の金額の10％を超えたということで、訂正有価証券報告書により、新たに所在地別セグメント情報を前年度分も併せて記載している。前年度分も併せて開示されていることからわかるのであるが、会社は、本邦以外の資産が809百万円に増加して前年度の10％以下から大きく伸張していることに気づきそびれたのであろう。

　上記の「経理の状況」に関する訂正有価証券報告書の全体の訂正傾向でも指摘したように、注記事項（セグメント情報）に関しては、資産の金額の訂正が多い。それは、セグメントの資産は（セグメント情報）の注記において追加的に提供される情報であるから、通常でも連結財務諸表本表が作成できた後に注記項目の数値作成として事後的に取りかかる項目なのであろう。

事業の種類別も含めて本年度まで一切セグメント情報を作成開示していなかったG社にすればなおさらであり、アジアでの店舗展開の状況が（セグメント情報）注記の作成開始につながることに気づかなかったのはありうべきミスと考えて良い。

ただし、情報利用者にとって、この訂正報告書の提出前後での利用可能な情報量の差異は大きなものがあると見ることができる。特に、G社のアジア展開は、2007（平成19）年3月期の有価証券報告書の「対処すべき課題」にも「海外展開につきましては、タイ王国と台湾における新規出店と既存店の活性化を図りつつ、アジアにおけるエリア拡大にも取組んで参る所存であります。」と明示されており、情報利用者には大いに関心があったはずである。

情報の質的な重要性を考えれば本事例も情報利用者に対する大きな情報提供のもれであり、情報利用者からすれば、その情報が質的に重要であるだけに、G社の一存の情報内容ではなく監査人の保証を得たものであってほしいという期待もあると思われる。

8 FedEx 社（誤植の訂正）

EXPLANATORY NOTE

FedEx Corporation ("FedEx") hereby amends its Annual Report on Form 10-K for the fiscal year ended May 31, 2006 (the "Form 10-K") (filed on July 14, 2006) as set forth in this Annual Report on Form 10-K/A (Amendment No. 1) (this "Form 10-K/A").

This Form 10-K/A is being filed solely to correct an EDGAR conversion error in Item 8 of the Form 10-K. Specifically, the EDGAR filing agent inadvertently added an extra row entitled "Kinko's trade name" to the first table in Note 4: "Goodwill and Intangibles" of the Notes to Consolidated Financial Statements (on page 85 of the Form 10-K), which presents the carrying amount of goodwill attributable to each reportable operating segment and changes therein. Accordingly, we have deleted the extra row from the table.

No other changes are being made to the Form 10-K by means of this Form 10-K/A.

NOTE 4: GOODWILL AND INTANGIBLES

The carrying amount of goodwill attributable to each reportable operating segment and changes therein follows (in millions):

	May 31, 2004	Goodwill Acquired	Purchase Adjustments and Other	May 31, 2005	Purchase Adjustments and Other	May 31, 2006
Kinko's trade name	$ 567	$ —	$ 567	$ 567	$ —	$ 567
FedEx Express segment	$ 527	$ —	$ 1	$ 528	$ 2	$ 530
FedEx Ground segment	70	20[(1)]	—	90	—	90
FedEx Freight segment	666	—	—	666	(10)	656
FedEx Kinko's segment	1,539	—	12	1,551	(2)	1,549
	$ 2,802	$ 20	$ 13	$ 2,835	$ (10)	$ 2,825

(1) FedEx SmartPost acquisition.

↓ 訂正後

NOTE 4: GOODWILL AND INTANGIBLES

The carrying amount of goodwill attributable to each reportable operating segment and changes therein follows (in millions):

	May 31, 2004	Goodwill Acquired	Purchase Adjustments and Other	May 31, 2005	Purchase Adjustments and Other	May 31, 2006
FedEx Express segment	$ 527	$ —	$ 1	$ 528	$ 2	$ 530
FedEx Ground segment	70	20[(1)]	—	90	—	90
FedEx Freight segment	666	—	—	666	(10)	656
FedEx Kinko's segment	1,539	—	12	1,551	(2)	1,549
	$ 2,802	$ 20	$ 13	$ 2,835	$ (10)	$ 2,825

(1) FedEx SmartPost acquisition.

本事例は、2006年7月14日に提出されたFedEx社の年次報告書(Form 10-K) に対して8月2日に提出された訂正年次報告書（Form 10-K/A) である。この訂正報告書の冒頭に記載されている訂正理由の説明 (EXPLANATORY NOTE) の記述では、訂正理由として、訂正箇所の注記に関連する以下の説明がみられる。「FedExは、ここに、2006年5月31日を終了日とする事業年度の年次報告書Form 10-K（2006年7月14日提出）を、訂正年次報告書Form 10-K/A によって訂正する。この訂正年次報告書は、もっぱら、先に提出した年次報告書の第8セクションのEDGARシステム[4]への変換ミス[5]を訂正するためのものである。当社のEDGAR提出の代理人は、年次報告書の連結財務諸表注記(注4)「のれんおよび無形資産」(85ページ)に記載されている、各報告事業セグメントののれんの簿価と変動額が示される第1表に、不注意にKinko's trade name（キンコ社商標権）という不要な行を加えてしまった。したがって、私どもは、その第1表から不要な行を削除する。先に提出した年次報告書に、これ以外の訂正はない。」
　このように、本事例による FedEx の訂正年次報告書の提出は、明らかな記載ミスを訂正するためものであることがわかる。この訂正年次報告書には、【図表12-4】の監査報告書が添付されている。
　2006年8月2日提出の訂正年次報告書に添付されている監査報告書は、日付および文言ともに2006年7月14日に提出された当初の年次報告書に付されて提出されたものと同一である。年次報告書の訂正内容は、意図的でなく重要性もないEDGARシステム上だけの些細なものであり、おそらく、監査人が実際に監査対象としていた連結財務諸表では注記のその部分は誤っていなかっただろうことがうかがえる。このような場合、アメリカの開示実務では、先に年次報告書に添付して提出した監査報告書を再度用いて添付するという開示対応されていることがわかる。
　わが国では、たとえば誤植のような会計数値の些細な誤りの場合には、訂正有価証券報告書に監査報告書を添付することはしていないのが実情

【図表12-4】訂正年次報告書の監査報告書

REPORT OF INDEPENDENT REGISTERED PUBLIC ACCOUNTING FIRM

The Board of Directors and Stockholders
FedEx Corporation

We have audited the accompanying consolidated balance sheets of FedEx Corporation as of May 31, 2006 and 2005, and the related consolidated statements of income, changes in stockholders' investment and comprehensive income, and cash flows for each of the three years in the period ended May 31, 2006. These financial statements are the responsibility of the Company's management. Our responsibility is to express an opinion on these financial statements based on our audits.

We conducted our audits in accordance with the standards of the Public Company Accounting Oversight Board (United States). Those standards require that we plan and perform the audit to obtain reasonable assurance about whether the financial statements are free of material misstatement. An audit includes examining, on a test basis, evidence supporting the amounts and disclosures in the financial statements. An audit also includes assessing the accounting principles used and significant estimates made by management, as well as evaluating the overall financial statement presentation. We believe that our audits provide a reasonable basis for our opinion.

In our opinion, the financial statements referred to above present fairly, in all material respects, the consolidated financial position of FedEx Corporation at May 31, 2006 and 2005, and the consolidated results of its operations and its cash flows for each of the three years in the period ended May 31, 2006, in conformity with U.S. generally accepted accounting principles.

We also have audited, in accordance with the standards of the Public Company Accounting Oversight Board (United States), the effectiveness of FedEx Corporation's internal control over financial reporting as of May 31, 2006, based on criteria established in Internal Control-Integrated Framework issued by the Committee of Sponsoring Organizations of the Treadway Commission and our report dated July 11, 2006 expressed an unqualified opinion thereon.

/s/ ERNST & YOUNG LLP

Memphis, Tennessee
July 11, 2006

である。この理由は次のように考えられる。会計情報の訂正は、その訂正事項の監査手続を伴うため、その監査手続の終了時点まで監査報告書の日付を後日に更新することが必要と考えられる一方で、そのような些細な訂正について監査手続を再度行うことは、関連する多大な監査業務

に比して、実務的ではないから、あるいは、監査報告は、(連結)財務諸表の記載上の数値や文言の正確性を保証しているのではなく、その(連結)財務諸表が投資等の意思決定に用いることができるという情報としての質を保証しているもので、詳細な数値や文言そのものの表現の訂正に対応しているものではないからである。

　しかし、監査証明に関する内閣府令では、訂正有価証券報告書で、有価証券報告書での監査対象事項を訂正する場合には、監査報告書を添付することが求められており、些細な開示上の訂正を理由に添付を省略することは認められていない。したがって、監査対象である会計情報の訂正を含む訂正有価証券報告書に監査報告書を添付していない実務慣行は、監査証明に関する内閣府令の違反という状況でもある。また、上記の事例A社からG社で実際の開示実例をうかがったところによると、決して開示上の些細な訂正とはいえない会計情報の訂正であっても監査報告書が添付されていない状況なのである。

　この開示実務の取扱いは、上記の理由による監査制度としての実務と理論の整合性からは致し方ないかもしれない。しかし、企業内容の開示制度が有価証券報告書提出者による自主開示であることを考えると、当初提出には監査を要するものの、それを訂正する場合には監査を受けなくても良いような実務慣行は、金融商品取引法の開示制度と監査制度を意味のないものにするおそれさえある。会計情報の訂正については原則として監査を受けなければならないという原則の実務の定着について会計基準や監査理論だけでなく開示制度の観点からも検討されることが望まれる。

9　Starbucks社（会計基準の適用誤り）

　修正再表示の本事例では、訂正前と訂正後の数値が比較形式で注記表示されているため、訂正年次報告書の関連訂正箇所のみを引用し、訂正前の注記内容は引用していない。また、訂正は3事業年度にわたっているが、ここでは、2004事業年度のみを引用している。

EXPLANATORY NOTE

This Amendment to the Starbucks Corporation (the "Company") Annual Report on Form 10-K/A for the fiscal year ended October 3, 2004 ("fiscal 2004"), is being filed in order to correct its previously issued consolidated financial statements for fiscal 2002, 2003 and 2004. The corrections are to properly account for tenant improvement allowances and rent holidays in accordance with generally accepted accounting principles in the United States of America. See Note 2 to the Company's audited consolidated financial statements for additional discussion.

Note 2: Restatement of Financial Statements

On February 7, 2005, the Office of the Chief Accountant of the Securities and Exchange Commission ("SEC") issued a letter to the American Institute of Certified Public Accountants expressing its views regarding certain operating lease accounting issues and their application under generally accepted accounting principles in the United States of America ("GAAP"). In light of this letter, the Company's management initiated a review of its lease-related accounting and determined that its then-current method of accounting for leasehold improvements funded by landlord incentives or allowances under operating leases (tenant improvement allowances) and its then-current method of accounting for rent holidays were not in accordance with GAAP. As a result, the Company restated its consolidated financial statements for each of the fiscal years ended October 3, 2004, September 28, 2003 and September 29, 2002, in this Report.

Consolidated Statements of Earnings

Fiscal year ended October 3, 2004	As previously reported	Adjustments	As restated
Cost of sales including occupancy costs	$ 2,198,654	$ (7,214)	$ 2,191,440
Depreciation and amortization expenses	280,024	9,158	289,182
Operating income	610,117	(1,944)	608,173
Earnings before income taxes	624,257	(1,944)	622,313
Income taxes	232,482	(728)	231,754
Net earnings	391,775	(1,216)	390,559
Net earnings per common share — basic	$ 0.99	$ (0.01)	$ 0.98
Net earnings per common share — diluted	$ 0.95	$ —	$ 0.95

Consolidated Balance Sheets

October 3, 2004	As Previously Reported	Adjustments	As Restated
Deferred income taxes net (asset)	$ 81,240	$ (17,590)	$ 63,650
Property, plant and equipment, net	1,471,446	79,970	1,551,416
Accrued occupancy costs	65,873	(36,642)	29,231
Accrued taxes	63,038	(79)	62,959
Deferred income taxes, net (liability)	46,683	(24,913)	21,770
Other long-term liabilities	8,132	136,551	144,683
Retained earnings	1,461,458	(12,559)	1,448,899
Accumulated other comprehensive income	29,219	22	29,241
Total shareholders' equity	2,486,755	(12,537)	2,474,218
Total liabilities and shareholders' equity	3,328,168	62,380	3,390,548

	Consolidated Statements of Cash Flows		
Fiscal year ended October 3, 2004	As Previously Reported	Adjustments	As Restated
Net cash provided by operating activities	$ 793,848	$ 26,361	$ 820,209
Net cash used by investing activities	(632,193)	(26,361)	(658,554)

　本事例は、2004年12月10日に提出されたStarbucks社の年次報告書（Form 10-K）に対して2005年2月18日に提出された訂正年次報告書（Form 10-K/A）である。この訂正報告書の冒頭に記載されている訂正理由の説明（EXPLANATORY NOTE）では、訂正理由を次のように説明している。「この訂正報告書で訂正を行うStarbucks社（当社）の2004年10月3日を終了日とする事業年度（2004事業年度）の年次報告書の訂正は、過去に公表した2002事業年度、2003事業年度および2004事業年度の連結財務諸表の訂正を行うためのものである。この訂正は、建設協力金およびレントホリデイをアメリカの一般に認められた会計原則に従って適切に会計処理するためのものである。当社の監査済み連結財務諸表に追加的な説明のために示されている注2を参照されたい。」

「注2：修正再表示
　2005年2月7日、アメリカ証券取引委員会（SEC）のチーフ・アカウンタントは、アメリカ公認会計士協会（AICPA）に書簡を送り、特定のオペレーティング・リースに関する会計問題とそれについての「一般に認められた会計原則（GAAP）」に準拠した会計処理についての見解を表明した。
　この書簡の見解に対応して、当社のマネジメントは、リースに関連する会計処理を再点検し、当社の建設協力金およびレントホリデイの会計処理方法はGAAPに適合していないと認めることとなった。結果として、当社は、2004年10月3日を終了日とする2004事業年度、2003年9月28日を終了日とする2003事業年度、および2002年9月29日を終了日とする2002事業年度の各年度の連結財務諸表を修正再表示している。」

本事例は、SECの公表物の発出が契機となったものであるが、Starbucks 社が、従来の会計処理について、一般に認められた会計原則に反していることを明確に示している点で、単純な記載ミスを訂正しただけのFedEx 社の事例と異なるものであることがわかる。訂正前と訂正後の会計情報が別個の注記表により比較して示されていることもFedEx 社とは異なる表示方法となっている。このStarbucks 社の訂正年次報告書には、【図表12-5】の監査報告書が添付されている。

【図表12-5】 訂正年次報告書の監査報告書

REPORT OF INDEPENDENT REGISTERED PUBLIC ACCOUNTING FIRM
To the Board of Directors and Shareholders of Starbucks Corporation
Seattle, Washington

We have audited the accompanying consolidated balance sheets of Starbucks Corporation and subsidiaries (the "Company") as of October 3, 2004, and September 28, 2003, and the related consolidated statements of earnings, shareholders' equity and cash flows for the years ended October 3, 2004, September 28, 2003, and September 29, 2002. These financial statements are the responsibility of the Company's management. Our responsibility is to express an opinion on these financial statements based on our audits.

We conducted our audits in accordance with the standards of the Public Company Accounting Oversight Board (United States). Those standards require that we plan and perform the audit to obtain reasonable assurance about whether the financial statements are free of material misstatement. An audit includes examining, on a test basis, evidence supporting the amounts and disclosures in the financial statements. An audit also includes assessing the accounting principles used and significant estimates made by management, as well as evaluating the overall financial statement presentation. We believe that our audits provide a reasonable basis for our opinion.

In our opinion, such consolidated financial statements present fairly, in all material respects, the financial position of the Company as of October 3, 2004, and September 28, 2003, and the results of its operations and its cash flows for the years ended October 3, 2004, September 28, 2003, and September 29, 2002, in conformity with accounting principles generally accepted in the United States of America.

As discussed in Note 2, the accompanying consolidated financial statements have been restated.

/s/ DELOITTE & TOUCHE LLP
Seattle, Washington
December 7, 2004 (February 18, 2005, as to the effects of Note 2)

監査報告書の文言は、通常の無限定適正意見と同一であり、また、2004年12月7日付けの当初の年次報告書に添付された監査報告書の文言であるが、訂正年次報告書に添付された監査報告書の日付が、「2004年12月7日（注2に関しては2005年2月18日）」となっており、カッコ部分が追加されている。連結財務諸表全体の監査時点を2005年2月18日まで繰り下げるのではなく、訂正後の注2の会計数値についてのみ、当該会計処理を適用した時点のものとしている点で興味深い。

　監査報告書の日付は、監査人が自らの監査意見の内容について責任を負う時間的限界を示すものであり、アメリカでは、監査報告書の日付の二重記載が認められている。[6] すなわち、Starbucks社の監査人は、その訂正年次報告書に添付した監査報告書によって、連結財務諸表上の注2以外の内容については2004年12月7日の時点において適正と認め、注2の内容については2005年2月18日の時点において適正と認めたものであることを示しているのである。

　このStarbucks社の事例は、会計方針の遡及適用にも似た事例であるが、あくまでも、GAAP違反の訂正である。わが国の企業会計基準第24号「会計上の変更及び過去の誤謬に関する会計基準」においても、会計方針の変更と過去の誤謬の訂正は、共に影響額の注記までを求めている。

第4節　会計情報の訂正事例からみた開示規制としての監査を巡る諸問題

1　訂正の背景と監査

　有価証券報告書提出者が過年度の監査を求めているとき、当該過年度に監査を実施した監査人でない監査人が、当該過年度の監査を実施して監査報告書を発行することは、監査契約締結から監査報告書発行までの監査業務の品質管理や過去の判断の妥当性をその後の時点で判断するこ

第 12 章　訂正有価証券報告書の会計情報の訂正事例　　199

との困難さなどの問題から、たやすいことではないと考えられる。
　訂正有価証券報告書の訂正事例に、近年、会計情報の訂正が多く含まれてきていることは、有価証券報告書提出者の投資者の視点に立った開示姿勢の現れと見ることができる。
　有価証券報告書提出者の自主的な情報開示を前提としている企業情報の開示制度にあって、会計情報を含む企業情報の訂正に関して、より相応しい情報を適時に投資者へ提供する有価証券報告書提出者の好ましい開示姿勢が明確になるなか、訂正有価証券報告書の訂正情報・訂正内容にも、相応しい監査上の対応、すなわち投資意思決定情報として相応しい程度の監査人による保証の付与が必要となっている。そしてこれは、すでに法令の定めとなっているものでもある。しかし、上述のように、過年度の会計情報の訂正に関する過年度の監査には、一定水準の品質とその管理が求められる監査業務にとって、品質管理に耐えられるかどうかという困難な判断がつきまとっており、その判断が容易でないだけに当該過年度の監査という実務が監査実務として成立するかどうかという問題点がある。このため、訂正される会計情報が、いわゆる監査人の保証なしに一人歩きしてしまうおそれもあることが問題となりつつある。
　一方、情報利用者の期待という視点からも議論する必要がある。担保資産、関連当事者との取引、配当制限等財務制限条項に関わる注記、セグメント情報作成もれなど、質的に重要な情報は、情報利用者からは、会社からの一方的な情報提供ではなく、監査人の円満な了知承認の上の情報開示であることを期待している。これについて、監査人が、もし、知らなかった、会社が勝手に公表してしまった、というならば、まさに期待ギャップの問題を提示するであろう。
　会計・監査制度やそれに関わる我々は、有価証券報告書提出者の提出する情報（特に会計情報）に関する情報利用者の素直な期待に応えるべく努力していかなければならない。そのための対応は、具体的な開示情報の作成方法など会計基準による部分も必要であるし、監査の手続や方法に関する監査の慣行によるものも必要であろう。しかし、まず、過年

度の会計情報の訂正には監査報告が必要であるということ、その監査を実施するために監査人は努力をしなければならないということは、社会に対する監査という機能の十全な発揮のために是非とも必要なことであることを認識すべきであろう。

2　会計基準、開示規制と訂正有価証券報告書

　国際会計基準では、会計処理の問題として誤謬の訂正も扱っているが、特に不適切事例の訂正に関しては、企業内容開示の実務上、会計処理上の会社マネジメントの判断ではなく、別段の一定の手続きを経ることが多い。たとえば、不適切事例の発生の公表、調査委員会の設置、その報告の受領、その意向を受けた会計処理の訂正、のようなものである。誤謬か不正かにかかわらず、過年度の遡及修正（修正再表示）に関しては、開示規制と会計基準を区別して考える必要があり、国際会計基準の適用の議論に先行されることなく、会計情報の訂正に関する開示規制の議論も必要である。

　有価証券報告書の提出などの企業内容開示制度は、有価証券発行者による自主的な情報開示を前提にしている。会計情報の訂正についても、有価証券発行者（有価証券報告書提出者）の意思と責任でなされる。一方で、過年度を修正しなければならないような事案が生じた場合には、有価証券報告書提出者は、証券取引所や財務局等の指導などさまざまな条件のもとに、自らの責任で訂正開示を行う。その意味もあり、訂正報告書提出者には、訂正理由（場合によっては訂正経緯）の説明も含め、より投資者の視点に立った情報開示（ならぬ説明）姿勢が求められている。

3　訂正有価証券報告書と監査報告

　わが国の監査実務では、訂正報告書に監査報告書を添付するためには、その新しい監査報告書の日付まで監査を繰り下げて実施しなければならないと考えられており、その結果、訂正報告書への監査報告書の添付に

は、監査上少なくない監査作業を必要としている。

また、再び監査を実施してもらうという会社の判断には、その会計情報の修正についてのマスコミを含めた社会的影響の配慮、すなわち、その会社が過去に誤った会計情報を社会に公表していたことに対する社会的影響への配慮など、開示問題以外の実情にも影響を受けることに留意する必要があろう。

しかし、企業内容開示制度は、有価証券報告書提出者の自発的な情報開示であるので、監査人の関与しないところで会計情報が勝手に訂正されてしまう可能性もある。したがって、会計情報の訂正には原則として監査報告書を添付すべきであり、添付すべき責任は訂正報告書提出者にあると考える。この点において、監査人としては、新しい監査報告書日付までの監査上の責任のような実務的な問題の解決・整理が必要となるが、一方で、FedEx 社の事例で見られたような監査報告書を再使用しているアメリカの実務、Starbucks 社で適用されていた二重日付の事例などは、わが国の開示実務や監査実務の今後のあり方にも示唆するところがあると考える。また、訂正有価証券報告書についての監査報告書の添付は、監査人の関与のない会計情報の公表を防止する趣旨もあることから、重要性のない訂正については、監査によらず、監査人の同意書（コンセントレター）など、現実的な方策として、情報利用者の期待に応える実務上の方策を検討する必要もあると思われる。

4　監査責任の時間的限界と監査の機能

監査報告書の日付と責任の限界を考えれば、現在の日本の会社法監査と金融商品取引法監査の「二重監査」、すなわち、後発事象を除き実質的に同一の財務数値について、一カ月半も異なる二度の監査報告を行っているわが国の監査実務は、制度的に重大な問題を抱えているといえる。これは、会計年度末日と監査報告書の日付との間の約一カ月半の期間につき、経営者の会計上の判断が変化しないという非現実的な前提を有しているという点で、公認会計士のリスクというだけでなく、投資者のた

めの投資環境という観点からも望ましくない。

　この点、わが国の監査基準は[7]、次のように歯切れが良くない。「監査報告書の日付は、後発事象の範囲等も含め監査人の責任に関わる重要な事項である。したがって、監査人が自らの責任において監査が終了したと判断したときに監査報告書を作成することが基本であると考えられる。しかし、これは、財務諸表の開示制度上あるいは監査の終了をどう捉えるか等の問題であり、改訂基準においては特定の時点を示すことはしなかった。」

　過年度の会計情報の変更およびその情報の開示が、会社法では参考情報であって確定済みの決算に影響を与えないという立場をとる一方で、金融商品取引法では、訂正有価証券報告書に含まれる会計情報の投資者への役立ちという観点から、保証の付与を求めている。ディスクロージャー制度において開示される会計情報は、企業関係者の間の私的契約等を通じた利害調整にも副次的に利用されているが[8]、過年度の会計情報の訂正という状況では、両者は同時には成り立たないのである。

5　会計情報の訂正に対する監査の役割

　開示実務に存する各種の課題は、監査の問題と開示制度の問題とに切り分けることは困難である。広くは、開示制度の問題ではあるが、会計・監査の問題ではなく開示制度の問題というと、公認会計士の関心の範囲を超えたものともとらえられてしまう。しかし、企業内容開示に関わるプロフェッションである公認会計士は情報利用者のための開示制度のあり方にも関心を持っていく必要がある。その意味で、訂正有価証券報告書が扱う、粉飾を含む重要な過去の誤謬の訂正に関しても、公認会計士協会は監査人の関わり方を示すような指導性を発揮しても良いと思われる。

　訂正有価証券報告書の提出に際して、関連する公認会計士には、その訂正事項の会計・監査上の判断を踏まえ、訂正有価証券報告書提出者を支援することが求められる。二重責任の原則はあるが、投資者からは、

公認会計士は提出者の企業内容開示を支える役割を担っているとも見られており、その意味からも社会の期待は大きい。訂正有価証券報告書に関する開示実務や監査慣行の定着が待たれるところである。

　公認会計士が会計基準や監査基準の枠を越えて活動しなければならなくなってきていることは、信頼し得る情報をより多く得たいという投資者の要求の高まりのなかで、公認会計士が負っている（もしくは制度上負うべきである）責任がより大きくなってきていることを意味しているのである。

〔注〕

1) 内国事業会社が有価証券報告書の提出に際して用いる様式である。
2) 財務諸表規則第68条の2（配当制限に関する注記）。
3) 財務諸表規則第8条の5（追加情報の注記）。
4) 年次報告書（Form 10-K）の第8セクション（item 8）は（連結）財務諸表と補足資料が記載される。
5) EDGAR（エドガー、Electronic Data-Gathering, Analysis, and Retrieval system）はアメリカの証券取引委員会（SEC）へ提出する開示書類を受理し公衆縦覧に供するシステムの名称である。
6) アメリカ監査基準書 AU561。
7) 企業会計審議会［2002］, 三 主な改訂点とその考え方 9 監査意見及び監査報告書（4）監査報告書の日付及び署名。
8) 企業会計基準委員会［2006d］, 第1章 第11-12項。

「経理の状況」の訂正内容の集計表

会社名	1 連結財務諸表等	(1) 連結財務諸表	① 連結貸借対照表	② 連結損益計算書	③ 連結株主資本等変動計算書	④ 連結キャッシュ・フロー計算書	継続企業の前提に重要な疑義を抱かせる事象又は状況	連結財務諸表作成のための基本となる重要な事項	連結財務諸表作成のための基本となる重要な事項の変更	表示方法の変更	追記情報	注記事項	連結貸借対照表関係	連結損益計算書関係	連結株主資本等変動計算書関係	連結キャッシュ・フロー計算書関係	リース取引関係	有価証券関係	デリバティブ取引関係	退職給付取引関係	ストックオプション等関係
1 THK	1											1					1				
2 ノヴァ	1																				
3 ダイセキ環境ソリューション																					
4 SEホールディングス・アンド・インキュベーションズ	1											1									1
5 日特建設	1		1	1	1	1		1		1		1	1				1				
6 日特建設	1		1	1	1	1		1		1		1	1				1				
7 日特建設	1		1	1	1	1						1					1				
8 日東化工																					
9 多治見クラシック																					
10 ビジネス・ブレークスルー																					
11 南海辰村建設																					
12 東北ゴム																					
13 宮越商事																					
14 ホロン																					
15 田崎真珠	1											1									
16 田崎真珠	1											1									
17 田崎真珠	1											1									
18 田崎真珠	1																				
19 梅の花	1																				
20 大黒天物産																					
21 フロイント産業	1											1									
22 明電舎	1											1					1				
23 いなげや	1											1					1				
24 船井財産コンサルタンツ	1				1							1		1			1				
〜																					
790 エルモ社	1											1									
791 アーバンコーポレイション	1											1	1								
合計	586	109	89	61	109	9	89	66	19	11	490	99	38	9	10	66	31	16	28	30

204

第12章 訂正有価証券報告書の会計情報の訂正事例　205

税効果会計関係	企業結合関係	セグメント情報	関連当事者との取引	一株当たり情報	重要な後発事象	⑤附属明細表	社債明細表	借入金等明細表	(2)その他	2財務諸表等	①財務諸表	①貸借対照表	②損益計算書	②製造原価明細表	③株主資本等変動計算書	継続企業の前提に重要な疑義を抱かせる事象又は状況	重要な会計方針	会計処理方法の変更	表示方法の変更	追加情報	注記事項	貸借対照表関係	損益計算書関係	株主資本等変動計算書関係	リース取引関係	有価証券関係	税効果会計関係	企業結合関係	一株当たり情報	重要な後発事象	④附属明細表	有価証券明細表	有形固定資産等明細表	引当金明細表	(2)主な資産及び負債の内容	(3)その他	監査報告書
					1				1								1													1							
				1			1	1																													9
1	1	1		1	1				1		1	1	1				1	1	1										1	1						1	1
1	1	1		1	1						1	1	1	1							1								1								1
1		1		1	1						1				1																						1
																																					9
																																					9
												1																									
													1																								
																																				1	9
																																					9
				1																																	
		1	1																																		
			1																																		
			1																																		
			1																																		
													1																								
					1																																
								1	1		1											1														1	
	1																																				
												1					1	1																			
70	3	109	123	78	33	31	13	24	6	408	115	100	39	74	14	34	24	27	12	281	83	50	4	50	7	65	2	79	43	79	36	37	30	91	9	95

「経理の状況」の訂正にあわせて監査報告書が添付された訂正報告書 = 1　70
監査報告書だけを訂正するために提出された訂正報告書 = 9　25

第13章

訂正有価証券報告書の訂正理由の記載事例

第1節　訂正報告書提出者の開示姿勢と訂正理由の記載

　前章で見てきたアメリカのFedEx社やStarbucks社の事例では、訂正報告書の訂正理由（EXPLANATORY NOTE）の説明箇所において、それぞれの訂正理由が明確に丁寧に説明されていることを示した。わが国の訂正報告書においても、「経理の状況」すなわち会計情報の訂正についての会社の開示姿勢は、訂正報告書の訂正理由の箇所に現れると思われる。事実、監査報告書を添付していない訂正報告書の訂正理由の記載ぶりについては、おおよそ一様に共通的な文言を用いた最低限の簡単な訂正理由の記載、すなわち、訂正が生じたから訂正するという、理由にならない理由の記載にとどまっており、監査報告書を添付していない訂正報告書に訂正理由を詳細に記載している事例はきわめて少ない。
　このような開示状況の一端からも会計情報の訂正に対する有価証券報告書提出者の会計情報を訂正することについての重要性の認識等開示姿勢がうかがえるものと思われる。本章では、前章までに分析で用いた事例の集計結果を基に、訂正有価証券報告書の訂正理由の記載事例のなか

から任意に抽出して紹介分析する。

第2節　訂正理由の一般的な記載例

　共通的な文言を用いた簡略な提出理由の記載ぶりの例は、以下の2例である。この表現が、訂正理由の一般的な開示例といって良く、訂正有価証券報告書のほとんどの事例がこのいずれかの記載方法によっている。
　①「訂正すべき事項がありましたので…提出します」のパターン
【有価証券報告書の訂正報告書の提出理由】
　「平成〇年◇月28日をもって提出いたしました第×期（自平成△年4月1日至平成〇年3月31日）有価証券報告書の記載事項の一部に訂正すべき事項がありましたので、これを訂正するため有価証券報告書の訂正報告書を提出するものであります。」
　②「下記の事項を訂正するために……提出します」のパターン
【有価証券報告書の訂正報告書の提出理由】
　「平成〇年◇月28日をもって提出した有価証券報告書の記載事項のうち、下記の事項を訂正するために訂正報告書を提出するものです。」
　このパターンの記載事例において「下記の事項」とは、訂正有価証券報告書の記載事項である【訂正事項】の項目を参照するものである。
　①②の訂正理由の記載ぶりは、要するに訂正事項が生じたから訂正報告書を提出するという事実のみを示したもので、開示府令の様式が想定している提出理由の記載とは異なると疑われるが、現実には、このような最低限ともいうべき簡略な記載ぶりがほとんどである。
　訂正事例も多い注記情報だけの訂正の場合などには、①②の文言に続けて、たとえば、
　「なお、この訂正による連結貸借対照表、連結損益計算書、貸借対照表、損益計算書等への影響はありません。」

の文言が付されることもあり、また、貸借対照表関連事項のみの訂正の場合などには、①②の文言に続けて、たとえば、
「なお、この訂正による損益への影響はありません。」
の文言が付されることも少なくなかった。

いずれにせよ、これらの記載例は訂正有価証券報告書の訂正理由の多数を占めるものではあるが、訂正事由が生じた理由を説明するものではなく、望ましい訂正理由の記載ぶりや訂正有価証券報告書提出者から投資者への積極的な情報伝達がうかがえるものではない。

第3節　訂正理由の記載事例の分析

1　東海澱粉（平成20年3月27日提出）

不正取引の発見による訂正報告書の提出理由である。監査報告書の添付はない。

「当社において、平成15年6月期（第56期）より平成19年6月期（第60期）までの間に、商品の移動を伴わない架空取引等の不適切な取引行為がなされ、売上高の過大計上等の不適切な会計処理が行われていたことが判明いたしました。

これらを訂正するため、金融商品取引法第24条の2第1項の規定に基づき、平成19年9月28日に提出いたしました有価証券報告書の訂正報告書を提出するものであります。」

2　エース証券（平成19年12月14日提出）

内部統制構築過程において発見された軽微な事象による訂正報告書の提出理由で、訂正事項が軽微で監査報告書を再取得していない旨の記載がある。

「当社は、内部統制の構築を進めておりますが、その一環として内部

管理体制の充実を図るべく、資料及び情報の整備も併せて行ってまいりました。その過程におきまして過去に提出いたしました当有価証券報告書の記載内容の一部に訂正すべき事項がありました、その主な訂正理由は、業務の状況での記載誤り（理由：集計時の分類ミスによる）などによるものであります。

　なお、訂正報告書の提出に際し、訂正内容が軽微なものであるとの理由で監査報告書の再取得はいたしておりません。」

3　日本バイリーン（平成20年2月28日提出）

　不正取引の発見による訂正報告書の提出理由であり、事案・経緯の説明、会計上の影響の算定方針、会計上の修正内容について記載されている。なお、監査報告書の添付はない。

　「平成18年6月29日に提出した第60期事業年度（自平成17年4月1日　至平成18年3月31日）の有価証券報告書に以下の事項を反映させることに伴い、記載事項の一部を修正する必要が生じましたので金融商品取引法第24条の2第1項の規定に基づき有価証券報告書の訂正報告書を提出致します。

　当社産業資材本部の元社員により平成9年3月期より平成18年3月期の長期間にわたり不正取引が行われていたことが判明いたしました。当該取引は、商品を仕入れて預かり在庫として取引先の一社に保管し、最終ユーザーが必要とする際に複数の取引先を通して販売をするという取引であることを装っておりましたが、実際には最終ユーザーは存在せず、当社が販売した取引先から当社の仕入先に販売が行われるという商品の移動を伴わない循環取引であったことから、架空在庫の計上及び売上高の過大計上等がなされておりました。

　元社員より不正取引は平成9年3月期から行なっていたとの説明を受けておりますが、平成9年3月期から、平成12年3月期の期間については、この期間に主な取引先であった会社との当該取引が既に終了しておりデータの照合が出来ないこと、当社においても販売・仕入等の取引

データは残っているものの証憑となる書類が既に廃棄されており、対象取引が確定できないことから、訂正の処理はほぼ確実であると判断できる平成13年3月期より実施しております。

なお、過大に計上された売上高及び仕入高を修正するとともに、当該取引に係る売上高と仕入高の差額を営業外収益及び営業外費用に修正表示しております。また、各期末の架空の商品在庫については取り消しを行いました。その他当該取引に係る債権債務残高を売掛金・買掛金より未収金・未払金に振替えるなどの必要と認められる修正を行いました。

その概要は以下のとおりであります。…

…略（会計上の影響の内容）…」

4　ネットマークス（平成19年7月31日提出）

不正取引の発見による訂正報告書の提出理由であり、事案・経緯の説明、会社法上の処理、不正の原因分析について記載されている。監査報告書が添付されている事例である。また、過年度の修正再表示に関しては、会社、監査法人および第三者調査委員会の円満な共同作業が必要であることをうかがわせる記載がある。

「本年2月以降、当社社員による循環取引行為に関連して、取引先からの支払請求により簿外債務の存在が明らかとなり、本年6月より、当社は改めて監査法人の指導を受けながら、厳正な監査のもと過年度決算の修正作業を進める一方、社内調査委員会を設置し、当該取引の実態調査とその影響額を確定するための調査を行ってまいりました。この結果、当該一社員による平成15年3月に発生した取引先への販売協力と同年12月に発生したソフトウェアの先行発注が発端となって、以後循環取引が平成15年3月期、平成16年3月期、平成17年3月期、平成18年3月期と約4年に亘り繰り返し行われ、5,007百万円の売上の過大計上と1,097百万円の損失の発生が明らかとなりました。

こうした売上の過大計上とそれに伴う利益の修正等を反映させるために、証券取引法第24条の2第1項の規定に基づき、第10期事業年度（平

成17年4月1日～平成18年3月31日）の有価証券報告書の訂正報告書を提出するものであります。

　…略（会計上の影響の内容）…

　…略（監査の取扱い）…

　会社法連結計算書類及び計算書類につきましては、年度ごとに訂正を行わず、第11期（平成18年4月1日～平成19年3月31日）に一括して処理しております。

　今回の循環取引行為は会社が組織的に行ったものではなく、当該社員によって約4年に亘り繰り返し行われたものでありますが、その間、取引先より当社の認識のない債務の支払請求を受けるまで顕在化しませんでした。損失の拡大と事象の顕在化が遅れた理由は、①当該社員の会社ルール・規定を無視したコンプライアンス意識の欠如、②内部牽制機能の不足、③不適切な取引の発生防止と早期発見のための社内業務監査の不十分さなどにあったものと真摯に受けとめております。」

5　日特建設（平成19年7月5日提出）

　不適切な会計処理の発見による訂正報告書の提出理由であり、事案の説明、会計上の影響の算定方針、会社法上の処理について記載されている。監査報告書が添付されている。

　「当社の連結子会社である株式会社ハイテクリースにおいて、過年度にわたり、リース資産の過大計上という不適切な会計処理がなされていたことが判明いたしました。

　これにより、過大に計上されていた有形固定資産　その他（リース資産）、その他の事業売上高（リース収入）及びその他の事業売上原価（リース原価）を修正するとともに、関連する有形固定資産の減価償却費、減価償却累計額、さらに当該不適切な会計処理の発生による会計処理の見直しの結果、平成16年3月期に関する当該連結子会社から当社等への配当の戻し、それに伴う税金関係等、必要と認められる修正を行ないました。

その影響額の概要は以下のとおりであります。

…略（会計上の影響の内容）…

これらを訂正するため、証券取引法第24条の2第1項の規定に基づき、平成18年6月29日に提出いたしました有価証券報告書の訂正報告書を提出するものであります。

会社法の計算書類及び連結計算書類につきましては、年度ごとに訂正をおこなわず、第30期（自平成18年4月1日至平成19年3月31日）に一括して処理しております。

…略（監査の取扱い）…」

6 酒井重工業（平成19年9月10日提出）

不適切な会計処理の発見による訂正報告書の提出理由であり、不正経理の内容、事案・経緯の説明について記載されている。監査報告書が添付されている。

「当社国内事業本部の売上計上（国内売上）において、平成18年3月期以前の過年度において、「確定受注案件の早期売上計上」という不適切な会計処理が、主に中間期に行われていた事実が判明致しました。

これを踏まえ、当該不適切処理の実態調査及び当社の売上計上基準「工場出荷基準」に準拠し、売上計上の妥当性の再検証を行い、連結財務諸表等及び財務諸表等の記載内容について見直しを行いました。

…略（会計上の影響の内容）…

これらを訂正するとともに、記載事項の一部に訂正すべき事項がありましたので、証券取引法第24条の2第1項の規定に基づき平成19年6月28日に提出致しました有価証券報告書の訂正報告書を提出するものであります。

…略（監査の取扱い）…」

7 ホウスイ（平成19年12月17日提出）

不正取引の発見による訂正報告書の提出理由であり、事案の説明、会

計上の影響の算定方針、会計上の影響の内容について記載されている。監査報告書は添付されている。本事例では、検証可能な訂正が困難であるため、過年度の訂正をその各年度の訂正ではなく、直近事業年度に一括して訂正していることが記載されている。直近事業年度に一括して訂正している連結財務諸表等および財務諸表等について監査報告書を入手している点でこのような場合の典型的な事例ということができる。

「当社の委託加工取引において、当社元社員による横領等を伴う不正な取引行為が判明したため、当該不正の内容につき調査し、連結財務諸表等及び財務諸表等の記載内容について見直しを行いました。

なお、当該不正に伴う損失額を年次別に把握すべく調査を行いましたが、元々の開始時期が特定出来ないこと、過去のコンピュータシステム入力原票改ざんの検証が困難であること、本人が使用していたパソコンのデータがほとんど消去されており、専門業者に復元を依頼したものの復元不可能であったこと、また委託加工先が不正の協力者と推測され、これ以上の踏み込んだ説明や資料提供を受けることが困難であること等により第72期連結会計年度以前の年次別把握は困難であるとの結論に至り、過年度分の影響額を当連結会計年度において一括して訂正しております。

その結果、当連結会計年度の連結損益計算書においては、特別損失154百万円の計上により税金等調整前当期純損益及び当期純損益が154百万円減少しました。連結貸借対照表においては、売掛金が80百万円、たな卸資産が66百万円、利益剰余金が154百万円減少し、買掛金が7百万円増加しました。同時に、財務諸表等におきましても、対応する同様の項目において増減が発生しております。

これらを訂正するため、金融商品取引法第24条の2第1項の規定に基づき平成19年6月26日に提出いたしました第72期（自　平成18年4月1日　至　平成19年3月31日）の有価証券報告書の訂正報告書を提出するものであります。

…略（監査の取扱い）…」

8 フジタ（平成19年11月13日提出）

　会計上の見積りについての誤りを訂正する訂正報告書の提出理由であり、事案の説明、会計上の影響の内容について記載されている。監査報告書は入手されている。

　「…略…
　当社グループでは、受注工事に係る将来の損失に備えるため、連結会計年度末手持工事のうち重要な損失の見込まれるものについて、その損失見込額を工事損失引当金に計上しています。
　このたび、平成20年3月期中間決算における当社の工事損失引当金計上の要否の検討にあたり、工事損失見込額の算定、ならびに損失の認識時点に関してすべての手持工事を点検いたしましたところ、工事損失引当金の認識時点を平成19年3月期末とすべき案件が検出されました。
　当社は、平成19年3月期末時点での当該特定の工事の損益見通し等の判断について、再度慎重に検証いたしました結果、工事損失引当金331百万円を平成19年3月期末に計上することが妥当であると判断し、平成19年6月28日に提出した第5期（自平成18年4月1日　至平成19年3月31日）有価証券報告書を訂正することといたしました。」

9 クリムゾン（平成19年11月22日提出）

　不適切な会計処理の発見による訂正報告書の提出理由であり、不正経理の内容、事案の説明、会計上の修正内容について記載されている。監査報告書が添付されている。

　「当社において、平成18年1月中間期（第22期中）より平成19年1月期（第23期）までの間に、たな卸し資産の在庫数量および評価に関して不適切な行為が行われ、たな卸し資産の過大計上等の不適切な会計処理が行われていたことが判明いたしました。
　これにより、過大に計上されていたたな卸し資産を修正するとともに、これに係る売上原価を修正表示しています。また、これらの処理に対す

る税効果会計の見直し等、必要と認められる修正を行いました。

　その結果、主要な数値は下記のとおりであります。

　…略（会計上の影響の内容）…

　これらを訂正するため、金融商品取引法第24条の2第1項の規定に基づき、平成19年4月27日に提出いたしました有価証券報告書の訂正報告書を提出するものであります。

　…略（監査の取扱い）…」

10　オリンピック（平成20年3月3日提出）

　不適切な会計処理の発見による訂正報告書の提出理由であり、事案の説明、会計上の修正内容、会計上の影響の内容について記載されている。監査報告書が添付されている。

　「…略…

　これは、連結財務諸表上において既に評価差損を認識し計上しておりました資産についての減損損失について、資本連結に伴う評価差損の調整が必要であったにもかかわらず、この処理が漏れておりましたことにより、結果として連結上の減損損失及び当期純損失をそれぞれ、7億60百万円過大に計上いたしておりましたため、これを訂正するものであります。

　…略（監査の取扱い）…」

第4節　「経理の状況」の訂正と監査

　訂正報告書の訂正理由の記載内容については、ほとんどが、簡略な最低限度の記載にとどまっており、詳細な訂正理由の記載事例としてここに掲げた上記の事例は、訂正内容が比較的影響の大きなものということができる。影響の内容が大きいからということかもしれないが、これらの事例は、訂正理由の記載による投資者への説明については、配慮され

第13章　訂正有価証券報告書の訂正理由の記載事例　217

ているものと思われる。近年、多くの会計基準の改正により、有価証券報告書の会計情報の記載内容そのものも複雑かつ詳細なものとなっている。また、訂正有価証券報告書の提出はその有価証券報告書提出会社にとって大きな事件であり、投資者の投資関連情報としても大きなイベントといえる。これらのことからも、その訂正内容を丁寧に情報提供することが企業内容の開示の基本姿勢として求められていると考える。

　上記の事例の中にも、不適切な会計処理の発見による訂正報告書には監査報告書が付されているが、不正取引については、監査報告書が入手されていないものもあった。個別に理由があると思われるが、投資者にとっては監査報告書が添付されていなければ、投資意思決定の情報としては質が劣るものと見なさざるを得ないであろう。この点からも、会計情報の訂正に関する訂正有価証券報告書の提出時の監査報告書の添付については、前向きな実務対応が望まれる。

　監査人は、監査報酬を受ける誠実な監査業務の受託者として、二重責任の下での公正な意見表明および企業内容開示制度の支援者の役割を社会から期待されているのである。

参考文献

AICPA[1959], ARB51, *Consolidated Financial Statements.*

CESR[2005], *Technical Advice on Equivalence of Certain Third Country GAAP and on Description of Certain Third Countries Mechanisms of Enforcement of Financial Information.*

Committee of Sponsoring Organizations of the Treadway Commission (COSO) [1994], *Internal Control—Integrated Framework,* Volume1.

Coopers & Lybrand[1997], *SEC manual 7th ed.*

Ernst & Young [2004], International GAAP 2005, LexisNexis.

FASB[1980], Statement of Financial Accounting Concepts (SFAC) No.3, *Elements of Financial Statements of Business Enterprises.*

FASB[1985], SFAC No.6, *Elements of Financial Statements.*

FASB[1987], Statement of Financial Accounting Standards (SFAS) No.94, *Consolidation of All Majority-Owned Subsidiaries.*

FASB[1987], SFAS94, *Consolidation of All Majority-Owned Subsidiaries.*

FASB[1989], EITF D-14, *Transactions involving Special-Purpose Entities,* (Dates Discussed: February 23, 1989; May 18, 1989; May 31, 1990).

FASB[1990], EITF 90-15, *Impact of Nonsubstantive Lessors, Residual Value Guarantees, and Other Provisions in Leasing Transactions,* (Dates Discussed: July 12, 1990; September 7, 1990; November 8, 1990; January 10, 1991; July 11, 1991).

FASB[1991], Discussion Memorandum, *An Analysis of Issues Related to Consolidation Policy and Procedures.*

FASB[1995], Exposure Draft, *Proposed Statement of Financial Accounting Standards, Consolidated Financial Statements: Policy and procedures.*

FASB[1996], SFAS125, *Accounting for Transfers and Servicing of Financial Assets and Extinguishments of Liabilities.*

FASB[1997], SFAS No.130, *Reporting Comprehensive Income.*

FASB[1999], Exposure Draft (Revised), *Proposed Statement of Financial Accounting Standards, Consolidated Financial Statements: Purpose and Policy.*

FASB[2000], SFAS140, *Accounting for Transfers and Servicing of Financial*

Assets and Extinguishments of Liabilities: a replacement of FASB Statement No.125.

FASB [2001], SFAS No.141, *Business Combinations.*

FASB [2003a], FIN46, *Consolidation of Variable Interest Entities, an interpretation of ARB No. 51.*

FASB [2003b], FIN46(R), *Consolidation of Variable Interest Entities, an interpretation of ARB No. 51.*

FASB [2005a], Proposed Statement, *Consolidated Financial Statements, Including Accounting and Reporting of Noncontrolling Interests in Subsidiaries - a replacement of ARB No. 51.*

FASB [2005b], Proposed Statement, *Business Combinations - a replacement of FASB No. 141.*

FASB [2006], Preliminary Views, *Conceptual Framework for Financial Reporting: Objective of Financial Reporting and Qualitative Characteristics of Decision-useful Financial Reporting Information.*

FASB [2007a], SFAS No.160, *Noncontrolling Interests in Consolidated Financial Statements - an amendment of ARB No. 51.*

FASB [2007b], SFAS No.141R, *Business Combinations.*

U.S. Government Accountability Office (GAO) [2006], *FINANCIAL RESTATEMENTS Update of Public Company Trends, Market Impacts, and Regulatory Enforcement Activities,* GAO-06-678.

IASB [2003a], International Accounting Standards (IAS) IAS27 (Revised), *Consolidated and Separate Financial Statements.*

IASB [2003b], IAS1 (Revised), *Presentation of Financial Statements.*

IASB [2003c], IAS39, *Financial Instruments: Recognition and Measurement.*

IASB [2004], International Financial Reporting Standards (IFRS) IFRS3, *Business Combinations.*

IASB [2005a], *Exposure Draft of Proposed Amendments to IAS 27 Consolidated and Separate Financial Statements.*

IASB [2005b], *Exposure Draft of Proposed Amendments to IFRS3 Business Combinations.*

IASB [2006a], *Exposure Draft of Proposed Amendments to IAS1 Presentation of Financial Statements, A Revised Presentation.*

IASB[2006b], *Discussion Paper, Preliminary Views on an improved Conceptual Framework for Financial Reporting: The Objective of Financial Reporting and Qualitative Characteristics of Decision-useful Financial Reporting Information.*

IASB[2007], IAS1, *Presentation of Financial Statements.*

IASB[2008a], IAS27, Consolidated and Separate Financial Statements.

IASB[2008b], IFRS3, Business Combinations.

IASB[2008c], Press Release, 'IASB completes the second phase of the business combinations project' (Jan.10.2008).

IASB[2008d], Business Combinations Phase II, Project Summary and Feedback Statement.

IASC[1989a], Framework for the Preparation and Presentation of Financial Statements.

IASC[1989b], IAS27, Consolidated Financial Statements and Accounting for Investments in Subsidiaries.

IASC[1998], SIC-12, Consolidation - Special Purpose Entities.

Vincent M. O'Reilly, Patrick J. McDonnell, Barry N. Winograd, James S. Gerson, Henry R. Jaenicke [1999], Montgomery's Auditing (12th edition) Wiley.

アーンスト・アンド・ヤング、新日本監査法人 [2006a] 『International GAAP2005 第1巻 International GAAP の概要』 レクシスネクシス・ジャパン。

アーンスト・アンド・ヤング、新日本監査法人 [2006b] 『International GAAP2005 第2巻 金融商品』 レクシスネクシス・ジャパン。

アーンスト・アンド・ヤング、新日本監査法人 [2006c] 『International GAAP2005 第3巻 企業結合』 レクシスネクシス・ジャパン。

アーンスト・アンド・ヤング、新日本監査法人 [2006d] 『International GAAP2005 第4巻 貸借対照表』 レクシスネクシス・ジャパン。

アーンスト・アンド・ヤング、新日本監査法人 [2006e] 『International GAAP2005 第5巻 損益計算書』 レクシスネクシス・ジャパン。

アーンスト・アンド・ヤング、新日本監査法人 [2006f] 『International GAAP2005 第6巻 開示その他』 レクシスネクシス・ジャパン。

アーンスト・アンド・ヤング、新日本監査法人 [2008a] 『International

GAAP2007/8 国際会計の実務(上巻)』レクシスネクシス・ジャパン。
アーンスト・アンド・ヤング、新日本監査法人 [2008b]『International GAAP2007/8 国際会計の実務(下巻)』レクシスネクシス・ジャパン。
秋葉賢一 [2003]「第2章 金融資産の流動化の会計」醍醐聡編著『金融リスクの会計』東京経済情報出版、pp.19-40。
あずさ監査法人 [2006]『[第6版] 有価証券報告書の見方・読み方』清文社。
東誠一郎 [2007]『将来予測情報の監査—ゴーイング・コンサーン情報等の分析』同文舘出版。
安藤英義 [2008]「財務諸表の過年度遡及修正の動きと問題点」『産業経理』第68巻 第2号(7月)。
池田唯一、野村昭文、西田裕志、大貫一 [2007]『総合解説 内部統制報告制度』税務研究会出版局。
石川博行 [2000]『連結会計情報と株価形成』千倉書房。
石川博行 [2006]「少数株主持分に対する株式市場の評価」『會計』第170巻第3号(9月)。
石田三郎、林隆敏、岸牧人 [2008]『監査論の基礎(第2版)』東京経済情報出版。
石原宏司 [2006]「ASBJ と IASB の共同プロジェクトの第3回会合」『季刊会計基準』第13号(6月)。
市川育義、那須伸裕、持永勇一 [2003]『完全解説 ゴーイング・コンサーンの実務—継続企業の前提の開示と監査人の対応』財経詳報社。
一ノ宮志郎 [2008]『QOE(利益の質)分析』中央経済社。
伊藤邦雄 [2004]『連結会計とグループ経営』中央経済社。
井端和男 [2008]『最近の粉飾—その実現と発見法 第2版』税務経理協会。
伊豫田隆俊 [2003]『制度としての監査システム—監査の経済的機能と役割』同文舘出版。
伊豫田隆俊、松本祥尚、林隆敏 [2008]『ベーシック監査論三訂版』同文舘出版。
梅原秀継 [2006]「会計主体と株主持分—一般理論および連結基礎概念の適用をめぐって」『會計』第169巻第4号。
上田耕治 [2006]『監査基準(手続論)』同文舘出版。
上村達男、金児昭 [2007]『株式会社はどこへ行くのか』日本経済新聞出版社。
太田達也 [2004]『減損会計早期適用会社の徹底分析』税務研究会出版局。
大村敬一、浅子和美、池尾和人、須田美矢子 [2004]『経済学とファイナンス(第2版)』東洋経済新報社。

大来志郎、野崎彰、町田行人［2009］『新しい公認会計士・監査法人監査制度』第一法規。
荻茂生［2007］『証券化とSPE連結の会計処理 第3版』中央経済社。
荻原正佳［2007］「企業結合・連結会計―日本基準と国際会計基準の差異」『企業会計』第59巻第1号（1月）。
小野隆弘［2004］『有価証券報告書の「事業リスク/MD&A/ガバナンス」情報の記載実務』中央経済社。
金井繁雅［1998］「連結基礎概念の検討―親会社概念と経済的単一体概念」文京女子大学『経営論集』第8巻第1号（12月）。
金子晃［2009］『会計監査をめぐる国際的動向』同文舘出版。
川北博［2001］『会計情報監査制度の研究―日本型監査の転換』有斐閣。
川北博［2005］『新潮流監査人の独立性』同文舘出版。
川東憲治［2007］『図説 金融商品取引法（第一次改訂版）』学陽書房。
川本淳［2002］『連結会計基準論』森山書店。
河崎照行［1997］『財務会計システム論』中央経済社。
企業会計基準委員会(ASBJ)［2005］『国際財務報告基準書（IFRSs）2004』レクシスネクシス・ジャパン。
企業会計基準委員会(ASBJ)［2006a］「日本基準と国際会計基準とのコンバージェンスへの取り組みについて―CESRの同等性評価に関する技術的助言を踏まえて」（1月）。
企業会計基準委員会(ASBJ)［2006b］実務対応報告第20号「投資事業組合に対する支配力基準及び影響力基準の適用に関する実務上の取扱い」。
企業会計基準委員会(ASBJ)［2006c］「ディスカッション・ペーパー「財務報告に関する改善された概念フレームワークについての予備的見解：財務報告の目的及び意思決定に有用な財務報告情報の質的特性」に対するコメント」（11月）。
企業会計基準委員会(ASBJ)［2006d］「討議資料 財務会計の概念フレームワーク」。
企業会計基準委員会(ASBJ)［2007a］『国際財務報告基準書（IFRSs）2007』レクシスネクシス・ジャパン。
企業会計基準委員会(ASBJ)［2007b］「過年度遡及修正に関する論点の整理」。
企業会計基準委員会(ASBJ)［2008a］『企業会計基準 完全詳解』税務経理協

会。
企業会計基準委員会（ASBJ）［2008b］「会計上の変更及び過去の誤謬に関する検討状況の整理」。
企業会計基準委員会（ASBJ）［2008c］企業会計基準第21号「企業結合に関する会計基準」。
企業会計基準委員会（ASBJ）［2008d］企業会計基準第22号「連結財務諸表に関する会計基準」。
企業会計基準委員会（ASBJ）［2009a］企業会計基準適用指針第22号「連結財務諸表における子会社及び関連会社の範囲の決定に関する適用指針」。
企業会計基準委員会（ASBJ）［2009b］企業会計基準第24号「会計上の変更及び誤謬の訂正に関する会計基準」。
企業会計基準委員会（ASBJ）［2009c］企業会計基準公開草案第35号「包括利益の表示に関する会計基準（案）」。
企業会計基準委員会（ASBJ）［2009d］企業会計基準公開草案第36号「連結財務諸表に関する会計基準（案）」。
企業会計審議会［1997］「連結財務諸表制度の見直しに関する意見書」。
企業会計審議会［1998］「連結財務諸表制度における子会社及び関連会社の範囲の見直しに係る具体的な取扱い」。
企業会計審議会［2002］「監査基準の改訂に関する意見書」。
企業会計審議会［2005a］「監査基準の改訂に関する意見書」。
企業会計審議会［2005b］「財務報告に係る内部統制の評価及び監査の基準のあり方について」。
企業会計審議会［2007］「財務報告に係る内部統制の評価及び監査の基準並びに財務報告に係る内部統制の評価及び監査に関する実施基準の設定について（意見書）」。
企業会計審議会［2009］「監査基準の改訂に関する意見書」。
企業財務制度研究会［1995］『連結会計をめぐる米国財務会計基準の動向』企業財務制度研究会。
グレイ，R、アダムス，C、オーエン，D、山上達人（翻訳）［2003］『会計とアカウンタビリティ―企業社会環境報告の変化と挑戦』白桃書房。
黒田巖［1995］『わが国の金融制度』日本銀行金融研究所。
郡司健［2006］『現代会計構造の基礎』中央経済社。

小柴義博［2006］『有価証券報告書の読み方入門』中央経済社。
小谷融［2007］『株式投資情報の見方と活用方法』税務研究会出版局。
斎藤静樹［2002］『会計基準の基礎概念』中央経済社。
斎藤静樹［2004］『逐条解説 企業結合会計基準』中央経済社。
斎藤静樹［2006］『企業会計とディスクロージャー（第3版）』東京大学出版会。
斎藤静樹［2007］『詳解「討議資料 財務会計の概念フレームワーク」（第2版）』中央経済社。
斎藤静樹［2009］『財務会計（第6版）』有斐閣。
財務会計基準機構［2003］『調査研究シリーズ No.3 収益認識に関する調査』財務会計基準機構。
財務会計基準機構［2008］『有価証券報告書の作成要領（平成20年3月期提出用）』財務会計基準機構。
佐藤信彦［2003］「少数株主持分の性格──会計主体との関連を中心にして」『企業会計』第55巻第7号（7月）。
佐藤信彦［2004］『業績報告と包括利益』白桃書房。
シャム・サンダー、山地秀俊（翻訳）［1998］『会計とコントロールの理論──契約理論に基づく会計学入門』勁草書房。
柴健次［2002］『市場化の会計学──市場経済における制度設計の諸相』中央経済社。
新日本有限責任監査法人［2009］『完全比較 国際会計基準と日本基準』レクシスネクシス・ジャパン。
末政芳信［2001a］『ソニーの連結財務情報〈第1部〉開示編』同文舘出版。
末政芳信［2001b］『ソニーの連結財務情報〈第2部〉財務分析編』同文舘出版。
末政芳信［2006］『トヨタの連結財務情報』同文舘出版。
末政芳信［2008］『トヨタの連結財務情報の読み方』清文社。
杉本徳栄［2008］『国際会計（改訂版）』同文舘出版。
杉本徳栄［2009］『アメリカ SEC の会計政策』中央経済社。
杉山学［2006］『連結会計の基礎知識（第4版）』中央経済社。
スタインバーグ，M.I、小川宏幸［2008］『アメリカ証券法』レクシスネクシス・ジャパン。
スタインバーグ，RM、マーテンズ，F.J、エバーソン，M.E.A、ノッティンガム，L.E、八田進二、中央青山監査法人（翻訳）［2006］『全社的リ

スクマネジメント フレームワーク篇』東洋経済新報社。
須田一幸 [2000]『財務会計の機能—理論と実証』白桃書房。
須田一幸 [2004]『会計制度改革の実証分析』同文舘出版。
総合ディスクロージャー研究所, 小谷融, 内山正次 [2007]『金融商品取引
　　　法におけるディスクロージャー制度』税務研究会出版局。
高田敏文 [2007]『監査リスクの基礎』同文舘出版。
中央新光監査法人 [1989]『会計システム』税務経理協会。
中央青山監査法人 [2002]『よくわかる会計情報システム』税務経理協会。
中央青山監査法人 [2004a]『平成 16 年 3 月期決算における早期適用事例に
　　　基づく減損会計基準の適用実態と実務対応のすべて』税務研究会
　　　出版局。
中央青山監査法人 [2004b]『企業結合会計基準ガイドブック』中央経済社。
千代田邦夫 [1998]『アメリカ監査論—マルチディメンション・アプローチ
　　　＆リスク・アプローチ（第 2 版）』中央経済社。
千代田邦夫 [2008]『貸借対照表監査研究』中央経済社。
千代田邦夫 [2009]『現代会計監査論 全面改定版』税務経理協会。
辻山栄子 [2004]『逐条解説 減損会計基準（第 2 版）』中央経済社。
土田義憲 [2005]『代表者確認書のための内部統制の評価モデル』中央経済社。
土田義憲 [2006]『会社法の内部統制システム（第 2 版）—取締役による整
　　　備と監査役の監査』中央経済社。
ディスクロージャー実務研究会 [2008]『有価証券報告書作成の手引き（2008
　　　年版）』プロネクサス。
監査法人トーマツ [2006]『連結会計ハンドブック（第 3 版）』中央経済社。
監査法人トーマツ [2007]『内部監査のためのデータ監査技法』第一法規株
　　　式会社。
有限責任監査法人トーマツ [2009]『連結会計ハンドブック（第 4 版）』中
　　　央経済社。
鳥羽至英 [1992]『アメリカ公認会計士協会ミナハン委員会報告財務諸表監
　　　査と実態監査の融合—結論と勧告』白桃書房。
鳥羽至英 [1994]『監査基準の基礎（第 2 版）』白桃書房。
鳥羽至英、八田進二、高田敏文 [1996a]『内部統制の統合的枠組み 理論編』
　　　白桃書房。
鳥羽至英、八田進二、高田敏文 [1996b]『内部統制の統合的枠組み ツール編』

白桃書房。

鳥羽至英[2005]『内部統制の理論と実務―執行・監督・監査の視点から』国元書房。

鳥羽至英[2009a]『財務諸表監査―理論と制度 基礎篇』国元書房。

鳥羽至英[2009b]『財務諸表監査―理論と制度 発展篇』国元書房。

鳥邊晋司、東原英子[2003]『連結会計と企業分析』中央経済社。

内藤文雄[2004]『財務諸表監査の考え方』税務経理協会。

中野勲[2008]『企業会計情報の評価―社会的信頼性の観点から』中央経済社。

長吉眞一[2004]『監査一般基準論―公認会計士監査の有効性の確立に向けて』中央経済社。

長吉眞一[2007]『監査基準論』中央経済社。

日本公認会計士協会(JICPA)[1998]監査委員会報告第60号「連結財務諸表における子会社及び関連会社の範囲の決定に関する監査上の取扱い」。

日本公認会計士協会(JICPA)[2004]『監査リスク・アプローチの実務』清文社。

日本公認会計士協会(JICPA)[2005]『ゴーイング・コンサーンの開示と監査実務』税務研究会出版局。

日本公認会計士協会(JICPA)[2007]『決算開示トレンド 平成19年版』中央経済社。

日本公認会計士協会(JICPA)[2008a]監査基準委員会報告書第35号「財務諸表の監査における不正への対応」。

日本公認会計士協会(JICPA)[2008b]監査基準委員会報告書第11号「違法行為」。

日本公認会計士協会(JICPA)[2008c]『内部統制監査の実務』日本公認会計士協会出版局。

日本公認会計士協会(JICPA)[2009a]監査基準委員会報告書第22号「継続企業の前提に関する監査人の検討」。

日本公認会計士協会(JICPA)[2009b]監査委員会報告第74号「継続企業の前提に関する開示について」。

日本証券アナリスト協会[1992]『証券アナリストのための企業分析』東洋経済新報社。

日本内部監査協会[2006]『現代の実践的内部監査』同文舘出版。

八田進二[2001]『ゴーイング・コンサーン情報の開示と監査』中央経済社。

八田進二［2006］『監査論を学ぶ（新訂版）』同文舘出版。
八田進二［2007a］『外部監査とコーポレート・ガバナンス』同文舘出版。
八田進二［2007b］『逐条解説 内部統制基準を考える』同文舘出版。
八田進二［2007］『改訂監査基準を考える―逐条解説』同文舘出版。
八田進二［2009a］『会計プロフェッションと監査―会計・監査・ガバナンスの視点から』同文舘出版。
八田進二［2009b］『会計・監査・ガバナンスの基本課題』同文舘出版。
羽藤秀雄［2004］『改正公認会計士法』同文舘出版。
林隆敏［2005］『継続企業監査論―ゴーイング・コンサーン問題の研究』中央経済社。
パレプ，K.G、ヒーリー，P.M、バーナード，V.L、齋藤静樹（翻訳）［2001］『企業分析入門（第2版）』東京大学出版会。
平松一夫［1986］『年次報告書会計』中央経済社。
平松一夫、広瀬義州［2002］『FASB 財務会計の諸概念 増補版』中央経済社。
平松一夫、柴健次［2004］『会計制度改革と企業行動』中央経済社。
平松一夫、徳賀芳弘［2005］『会計基準の国際的統一 国際会計基準への各国の対応』中央経済社。
平松一夫、山地範明、百合草裕康［2005］『連結会計情報と企業分析の基礎』東京経済情報出版。
平松一夫［2007］『国際財務報告論―会計基準の収斂と新たな展開』中央経済社。
平松一夫［2008］『財務諸表論（第2版）』東京経済情報出版。
広瀬義州［2006］『知的財産会計』税務経理協会。
広瀬義州［2009］『連結会計入門』中央経済社。
深津比佐夫［1977］『近代財務会計論』税務経理協会。
藤井秀樹［2007］『制度変化の会計学』中央経済社。
藤井則彦［1997］『日本の会計と国際会計 増補第3版』中央経済社。
藤沼亜紀、平松一夫、八田進二［2003］『会計・監査・ガバナンスを考える』同文舘出版。
ヘルファート，エリック、岸本光永（翻訳）［2003］『企業分析（第2版）』中央経済社。
細野祐二［2008］『法廷会計学 vs 粉飾決算』日経BP社。
堀江正之［2006］『IT 保証の概念フレームワーク―IT リスクからのアプロー

チ』森山書店.

松岡寿史 [2004]『よくわかる企業結合会計基準』中央経済社.
松尾聿正 [2008]『現代財務報告会計』中央経済社.
みすず監査法人 [2007]『連結財務諸表の作成実務(第3版)』中央経済社.
みずほ信託銀行証券代行部 [2007]『企業再編手続ガイドブック』商事法務.
森田哲彌、白鳥庄之助 [1998]『連結財務諸表原則詳解』中央経済社.
弥永真生 [2002]『監査人の外観的独立性』商事法務.
弥永真生 [2003]『「資本」の会計』中央経済社.
弥永真生 [2007]『コンメンタール会社計算規則・商法施行規則』商事法務.
弥永真生 [2009]『過年度決算訂正の法務』中央経済社.
山浦久司 [2001]『監査の新世紀―市場構造の変革と監査の役割』税務経理協会.
山浦久司、新井武広 [2008]『遂条解説四半期会計・レビュー基準』中央経済社.
山浦久司 [2008]『会計監査論(第5版)』中央経済社.
山口俊明 [2007]『会計監査の実務と理論』第一法規.
山地範明 [2000]『連結会計の生成と発展[増補改訂版]』中央経済社.
山地範明 [2003]「FASB「変動持分事業体の連結」の考え方」『企業会計』第55巻第8号(8月).
山地範明 [2009]『会計制度(4訂版)』同文舘出版.
山田辰巳 [2005]「IASB会議報告(第48回会議)」『JICPAジャーナル』第603号(10月).
山田辰巳 [2006a]「IASB会議報告(第50回会議)」『JICPAジャーナル』第607号(2月).
山田辰巳 [2006a]「IASB会議報告(第51〜52回会議)」『JICPAジャーナル』第608号(3月).
山田辰巳 [2006b]「IASB会議報告(第58〜59回会議)」『JICPAジャーナル』第615号(10月).
山田辰巳 [2007a]「IASB会議報告(第63回会議)」『会計・監査ジャーナル』第620号(3月).
山田辰巳 [2007b]「IASB会議報告(第65回会議)」『会計・監査ジャーナル』第622号(5月).
山田辰巳 [2007c]「IASB会議報告(第69回会議)」『会計・監査ジャーナル』

第626号（9月）。
吉見宏［1999］『企業不正と監査』税務経理協会。
吉見宏［2005］『監査期待ギャップ論』森山書店。
脇田良一［1999］『監査基準・準則の逐条解説』中央経済社。
脇田良一［2000］『財務情報監査』税務経理協会。

著者略歴

上田 耕治（うえだ こうじ）

公認会計士・税理士。

1962 年　富山県生まれ。
1984 年　関西学院大学法学部政治学科卒業、商学研究科博士課程後期課
　　　　 程単位取得。
監査法人勤務・個人事務所開業を経て 2005 年より関西学院大学専門職大学院経営戦略研究科助教授、2007 年より准教授。
ネクサス監査法人代表社員。日本公認会計士協会監査・保証実務委員会委員、2009-2011 年公認会計士試験試験委員（財務会計論）。
主要著書『監査基準（手続論）』（同文舘出版、2006 年）。

関西学院大学研究叢書　第134編

企業内容開示の動向

2010 年 3 月 31 日初版第一刷発行

著　者　上田耕治

発行者　宮原浩二郎
発行所　関西学院大学出版会
所在地　〒 662-0891
　　　　兵庫県西宮市上ケ原一番町 1-155
電　話　0798-53-7002

印　刷　株式会社クイックス

©2010 Koji Ueda
Printed in Japan by Kwansei Gakuin University Press
ISBN 978-4-86283-061-6
乱丁・落丁本はお取り替えいたします。
本書の全部または一部を無断で複写・複製することを禁じます。
http://www.kwansei.ac.jp/press